ISBN 88-8398-019-0

Firenze, Italy
www.e-p-a-p.com
www.europeanpress.it

A cura di

Luisa Accati

Madri pervasive e figli dominanti

Dinamiche sociali e violenza nella Controriforma

Indice

Il padre esautorato e la violenza. Trasformazioni simboliche della Controriforma.*

di Luisa Accati

I tre secoli lungo i quali scorre il periodo moderno contengono un mare di avvenimenti, la storia ne sceglie sempre solo un piccolo numero: portare l'attenzione su un fatto piuttosto che su un altro è sempre il risultato di interessi nostri odierni. Ci rivolgiamo alla storia per capire ciò che viene di lontano, che abbiamo ereditato e che sfugge per molti aspetti al nostro controllo, alle nostre intenzioni e alla nostra responsabilità. La storia, benché si occupi del passato, è innanzi tutto un mezzo per essere più consapevoli del presente e appropriarcene in modo adeguato. È dunque importante capire il senso di una scelta piuttosto che di un'altra. Qui di seguito vi propongo due saggi, uno di Lorella Tessarotto, l'altro di Giovanna Tinunin sul matrimonio al Concilio di Trento (1563) e sulle conseguenze delle norme tridentine in materia di unioni; un saggio di Federica Barbo sul divieto alle donne cattoliche di cantare in chiesa e sui cantori castrati che le sostituivano per i registri acuti della voce. Qual è il filo conduttore che lega fra loro i lavori? In questo saggio cercherò di tratteggiare un contesto simbolico generale che faccia da sfondo, uno scenario entro il quale ogni singolo argomento si muove.

Il matrimonio è un momento centrale delle dinamiche sociali, infatti mette in relazione reti di parentele, ordina gli scambi relazionali e la continuità del gruppo.[1] Le norme naturali e

---

* Per maggiori indicazioni bibliografiche riguardo ai temi di questo saggio cfr. L. Accati. *Il mostro e la bella. Padre e madre nell'educazione cattolica dei sentimenti*, Cortina, Milano 1998.

[1] Per le indicazioni bibliografiche sulla storia del matrimonio vedi i saggi di Lorella Tessarotto e Giovanna Tinuin in questo stesso volume. Per un approccio

biologiche, in base a cui dall'unione di un uomo e una donna nascono i figli e le figlie, sono universali e questa universalità ha un'importanza capitale per le scienze sociali, costituisce infatti un denominatore comune che consente il confronto fra culture e gruppi sociali diversi. Tuttavia se è vero che ovunque i figli nascono dall'unione di un uomo e una donna, è altrettanto vero che il modo in cui culturalmente, socialmente, economicamente viene interpretata e regolamentata questa unione, il matrimonio, cambia parecchio sia nello spazio che nel tempo. Ci sono società monogamiche, poligamiche, poliginiche, poliandriche, società che prevedono il divorzio, altre che non lo prevedono, società che regolamentano le unioni di fatto, altre che non lo fanno e così via. Inoltre il matrimonio, dovunque, propone norme culturali accanto alle norme naturali e biologiche del concepimento, è dunque significativo rispetto al concetto di natura e al rapporto fra natura e cultura.

Perché il matrimonio al Concilio di Trento?[2]

Il concilio di Trento segna un cambiamento politico importante, con conseguenze particolarmente rilevanti sulle relazioni interfamiliari e sui rapporti Stato-Chiesa. Infatti, il Concilio di Trento è insieme l'ultimo tentativo di evitare la rottura fra i cristiani e la prima occasione in cui i cattolici, ribadendo alcuni principi, sanciscono di fatto la divisione in Occidente fra cristiani: cattolici fedeli al papa e protestanti che rifiutano di riconoscere la supremazia papale. Questa divisione porta con sé modi diversi di intendere il matrimonio, il concepimento, la famiglia e l'autorità politica. La nostra ipotesi è che cattolici e protestanti, rispetto a questi temi, siano più lontani oggi di quanto non lo fossero alla fine del '500, al momento della rottura. Quella divisione, infatti, ha gettato le basi

---

antropologico al tema del matrimonio che ha influito sulla storiografia cfr. C. Lévi-Strauss, *Le strutture elementari della parentela* (1947), tr. It. Feltrinelli, Milano 1969.

[2] Per le indicazioni bibliografiche sul matrimonio al Concilio di Trento vedi il saggio di Lorella Tessarotto in questo stesso volume.

perché, durante ben 400 anni, si formassero due diverse antropologie sociali. Perché i cambiamenti dei simboli[3] producano conseguenze nel modo di gestire i rapporti umani, debbono essere vissuti, a lungo, nella pratica quotidiana e diventare accettati da tutti, parte integrante del costume e del sentimento di appartenenza a una specifica comunità. Ogni comunità ritiene universali le categorie che, al suo interno, sono condivise al punto di non venire più discusse e pertanto considerate ovvie. Ma l'ovvietà ha confini rigorosi, una cosa è ovvia solo nella comunità che la condivide. Può così accadere che a noi sembri ovvio un comportamento, mentre a 200 chilometri di distanza è considerato ovvio il comportamento opposto. Inoltre, un'abitudine per diventare ovvia ha bisogno di tempo e di ripetizione. Ad esempio, perché diventi ovvio che un adolescente inglese vada presto fuori casa a studiare e che, invece, un adolescente italiano rimanga a casa almeno fino a 18 anni e oltre, debbono essere elaborati, per lunghi anni, due diversi modi d'intendere la relazione con la madre e due diversi modi d'intendere gli equilibri familiari. Accenniamo soltanto alle diversità fra cattolici e protestanti per mettere in rilievo come, parlando di cultura occidentale, si passi sopra a diversità cospicue che questo concetto contiene, ma ci occuperemo delle conseguenze del riassetto interno al campo cattolico dopo il Concilio di Trento.

---

[3] Sui simboli dominanti dal significato socialmente normativo cfr. fra gli altri, M. Douglas, *I simboli naturali. Sistema cosmologico e struttura sociale*, tr.it. Einaudi, Torino 1979; N. Elias, *Teorie dei simboli*, tr. it. Il Mulino, Bologna 1998; C. Lévi-Strauss, *L'art de déchiffrer les symboles*, in "Diogènes" V (1954), pp.128-135; V.Turner, *La foresta dei simboli*, tr. it. Morcelliana , Brescia 1976; dello stesso autore, *Dramas, Fields and Metaphors. Symbolic Action in Human Society*, Cornell University Press, London 1974; E. Wind, *L'eloquenza dei simboli*, tr. it. Adelphi, Milano 1992.

La Sposa come Madre.

In primo luogo, la diversità del matrimonio fra cattolici e protestanti ruota sulla diversità di collocazione della sposa nell'immaginario sacro: la sposa di Dio, cioè la Madonna. La Madonna è un simbolo dominante perché è metafora di una delle istituzioni più potenti della cultura occidentale, della Chiesa e, fino alla Riforma, estendeva la sua influenza a tutta l'Europa. Come ogni simbolo dominante concentra numerosi significati. La sposa di Dio è: la *fertilità*; il *popolo* come insieme dei figli, frutti della fertilità; la comunità dei *fedeli* laici ed ecclesiastici; la comunità degli *ecclesiastici* come gerarchia; la maternità come capacità incarnata nelle *donne*. La sposa è tutte queste cose singolarmente e tutte queste cose insieme, vale a dire che tutte queste cose sono in relazione fra loro. Il rapporto e l'equilibrio fra questi fattori cambia nel corso del tempo e il cambiamento esprime il gioco di forze sociali e politiche.

Nell'immaginario religioso medievale la Madonna, come ogni madre, fornisce la carne in cui Dio-Padre fa nascere suo Figlio per mezzo dello Spirito Santo.[4] La presenza femminile nel contesto cristiano medievale ha tre diversi momenti. In primo luogo, nella realtà vi sono le donne e i loro corpi capaci di contenere la vita, in questo senso anche Maria è una madre qualunque. In secondo luogo, nelle immagini sacre la fertilità delle donne diventa il simbolo della madre per eccellenza, cioè della Madonna e abbiamo una traduzione figurativa del potere reale delle donne in potere simbolico maschile dei figli. La Chiesa infatti è costituita da un gruppo di uomini-figli-

---

[4] Su questo argomento cfr. fra gli altri la voce *Marie* (*sainte Vièrge*), in *Dictionnaire de Spiritualité*, Beauchesne, Paris 1932-1980, t. X; in *Enciclopedia cattolica*, Città del Vaticano 1952, vol. IV ; S. De Fiores e S. De Meo, *Nuovo dizionario di mariologia*, Edizioni Paoline, Cinisello Balsamo 1986; G. Besutti, *Bibliographia mariana*, Herder, Roma 1950-1980; C. Cecchelli, *Mater Christi*, Ferrari, Roma 1946-1950; H. Du Manoir (a cura di), *Maria. Etudes sur la sainte Vièrge*, Beauchesne, Paris 1949; H. Graef, *Mary. A History of Doctrine and Devotion*, Scheed and Ward, London 1963-1965.

celibi: metaforicamente, il contenitore (la madre) per il contenuto (i figli). In terzo luogo, vi è la traduzione simbolica del femminile reale nel maschile astratto delle parole teologiche. Qui la Vergine non è più né una donna reale, né una immagine di donna, ma parte di Dio, l'utero di Dio,[5] la sua misericordia, cioè la fertilità naturale come valore astratto, non individuato, ripetibile.

Alle soglie dell'età moderna i protestanti aboliscono la dipendenza dalla Chiesa romana, aboliscono l'obbligo del celibato per gli ecclesiastici e aboliscono le immagini sacre; questo fa scomparire l'immagine metaforica della Madonna, mentre Maria, come tutte le madri reali, non più eterna vergine, non più sacra, semplicemente madre esemplare, continua ad essere il corpo a cui Dio come Padre affida se stesso come Figlio.

Da una parte, quella cattolica, l'estetica e la figura materna continuano a rivestire un ruolo centrale: l'età barocca vede il diffondersi e il moltiplicarsi dell'immagine mariana, in particolare l'immagine della Immacolata Concezione.[6] Dalla parte protestante,

---

[5] "*Uterus Domini est Misericordia eius*" dice Alberto Magno e del pari usa "*a meo utero*" nel senso di "dalla mia nascita", dove per l'appunto l'utero è considerato un organo del figlio. Cit. in P. de Alva y Astorga, *Biblioteca virginalis*, Madrid 1640, pp. 540-593; in questo senso Maria è una congiunzione pura fra padre e figlio, infatti è l'organo riproduttivo del padre e la sede terrena del figlio è l'organo di tutte e due le varianti di Dio, padre e figlio. Da questa posizione bilanciata di Alberto Magno, a cui i domenicani resteranno fedeli fino alla proclamazione del dogma, si produce una diversificazione, i francescani ben prima della Controriforma e i gesuiti fin dalle loro origini spostano l'immaginazione simbolica sul figlio e sulla madre come contenitore del figlio; il francescano Pedro de Alva y Astorga è il massimo rappresentante di questa tendenza in età moderna, infatti scrive l'equivalente di 40 volumi *in folio*, di cui molti inediti. Il dogma della Immacolata Concezione fu proclamato nel 1854 con l'enciclica *Ineffabilis Deus*, il culto e la discussione intorno a questo tema hanno inizio nel XII secolo.

[6] L'Immacolata Concezione celebra il privilegio di Maria di essere stata concepita come tutti gli esseri umani da sua madre Anna in una unione carnale con il legittimo marito Gioacchino, padre naturale della Madonna, ma di essere stata preservata da Dio, a differenza degli altri esseri umani, dalla macchia del peccato originale, fin dal

assume centralità la figura del Dio-Padre biblico, la parola di contro all'immagine, l'etica come consapevolezza e diretta responsabilità verso Dio.

Un cambiamento nei simboli dominanti significa un cambiamento nei meccanismi del potere e dell'autorità.[7] Infatti, quando la Madonna scompare dal quadro di riferimento simbolico protestante, è in corso una vasta discussione e un vasto riassetto fra i sovrani e il papa, relativamente all'autorità. Una parte dei sovrani europei decide di riconoscere l'autorità del papa relativamente al sacro e una parte invece decide di non riconoscerla più. D'altro canto, un cambiamento nel modo di vedere la figura materna porta con sé delle diversità anche nei rapporti interpersonali all'interno della famiglia e un diverso modo di maturare e crescere per gli individui, un diverso modo di raggiungere l'autonomia morale che fa la differenza fra un bambino e un adulto, fra un bambino e un cittadino. Il modo di educare e costruire un adulto con le sue capacità morali e intellettuali è il punto di congiunzione fra privato e pubblico e pertanto la diversità di educazione e di concezione della famiglia è anche una diversità politica e sociale.

Il culto mariano ha inizio nel IV secolo e fin dalle origini rappresenta la madre (la sposa di Dio è rappresentata nella sua funzione di madre) così come la vedono gli uomini che controllano e

momento del concepimento; la concupiscenza (cioè il piacere dell'unione sessuale) è il segno dell'imperfezione umana e del peccato originale che si trasmette ai figli all'atto del concepimento. Maria è purissima, pur essendo nata dall'unione concupiscente, dunque impura, dei suoi genitori. La devozione all'Immacolata Concezione riguarda il concepimento di Anna, ma rafforza la verginità di Maria. I domenicani difendono fino alla proclamazione del dogma l'ipotesi che Maria abbia contratto il peccato originale, ma sia stata santificata *in utero matris* e non al momento del concepimento. Per una bibliografia di Pedro de Alva y Astorga e per una bibliografia più ampia sull'Immacolata cfr. L. Accati, op. cit., p. 77, pp. 57-80.

[7] Cfr. M. Douglas, op. cit.; V. Turner, op. cit..

producono le rappresentazioni di Maria.[8] Le immagini si dividono in due categorie, quelle di Maria in trono con il bambino e quelle in cui Maria è sola orante, in piedi nell'atto di intercedere, perlopiù con le braccia alzate verso il Cielo. Quelle in trono con il bambino si riferiscono alla madre come alla fonte della fertilità e si tratta di una rappresentazione in cui è evidente la somiglianza con la signora aristocratica; la funzione materna rappresentata è quella che perpetua la discendenza. Quelle oranti, senza bambino in braccio, viceversa, si riferiscono alla madre come alla fonte del credito presso Dio e, di conseguenza, la rappresentano nell'atto di pregare, di proteggere e di nutrire spiritualmente i fedeli. In queste Madonne risulta evidente la somiglianza con la Chiesa come istituzione e con il sacerdote officiante, al punto che spesso la Madonna è raffigurata come un edificio (la gonna o il mantello assumono l'aspetto di una cupola, di un riparo) che contiene i fedeli; la funzione materna rappresentata è quella della cura e dell'accoglienza. La Madonna in trono è la madre come la immaginano i padri, la Madonna orante è la madre come la immaginano i figli. Uno stesso uomo, uno stesso pittore, può vivere i sentimenti del figlio prima e del padre poi. Nel corso del Medioevo troviamo Madonne in trono e Madonne oranti contemporaneamente in una stessa chiesa, come peraltro nella devozione privata. Tuttavia, Mirella Levi d'Ancona ha messo in rilievo come le Madonne oranti, ad esempio l'Immacolata Concezione, siano soprattutto devozioni monastiche, non per caso fiorite nel XII secolo, proprio a ridosso della riforma gregoriana che aveva istituito il celibato come clausola del sacerdozio e aveva definito la condizione di uomo celibe moralmente superiore a quella di uomo sposato. Del resto, la Madonna è un simbolo che condensa le relazioni intorno alla madre: le relazioni degli uomini rispetto alla fertilità femminile. Una fertilità che, producendo vita mortale, suscita grande ambivalenza.

---

[8] Cfr. fra gli altri K. Schreiner, *Vergine, Madre, Regina. I volti di Maria nell'universo cristiano*, tr. it. Donzelli, Roma 1995.

La sposa, la fertilità, la madre, tutti questi aspetti sono incarnati dalle donne, le donne in quanto mettono al mondo i figli sono le intermediarie nel reale del soprannaturale, di qui l'importanza del controllo su di loro. Controllare le donne vuol dire controllare il rapporto con Dio, attraverso quei processi naturali che danno luogo alla vita e pertanto esprimono ciò che non è conosciuto e che, nella prima età moderna, viene percepito come proveniente da una forza onnipotente, cioè da Dio. I cambiamenti relativi al matrimonio sono in ultima istanza cambiamenti nei rapporti con Dio, con il sacro e con il potere che deriva dal controllo del sacro. L'autorità, in un contesto come l'Europa della prima età moderna, in cui non è ancora in questione l'esistenza di Dio, si basa sul controllo del rapporto con Dio.

Considerando i cambiamenti relativi al matrimonio, pertanto, comprenderemo anche quelli relativi all'autorità politica.

Il matrimonio.

Per i cattolici, il matrimonio rimane nella sfera del sacro, rimane un sacramento, anzi - come si vedrà nel saggio di Lorella Tessarotto - diventa, in certo modo, compiutamente un sacramento per la prima volta. Il matrimonio cattolico lega gli sposi indissolubilmente. Per la prima volta, inoltre, il matrimonio e tutta la legislazione che lo riguarda diventano materia *esclusiva* dell'autorità ecclesiastica. I padri di famiglia e i legami di parentela, così come i notai che regolavano gli scambi patrimoniali e dotali, a partire da questo momento, vengono messi in secondo piano, l'autorità che fa fede in tutta la materia matrimoniale è quella ecclesiastica.

Per i protestanti, invece, il matrimonio esce dalla sfera del sacro, non è più un sacramento, non è più indissolubile, è un contratto civile passibile di divorzio. Tuttavia, diventa un impegno sociale di primaria importanza morale a cui tutti devono ottemperare, anche gli ecclesiastici sono tenuti a sposarsi. Il matrimonio diventa l'unica strada per tutti e il celibato non solo non è più una condizione necessaria per accedere alle funzioni sacerdotali, ma diventa una condizione sociale di scarso prestigio. Il pastore protestante si sposa e ha figli, il sacerdozio è una professione, il prete è uno studioso delle scritture e della teologia, una persona che insegna, educa, dà consigli e officia nelle cerimonie, ma dal punto di vista dei rapporti con Dio e con il sacro non è diverso da qualsiasi altro fedele, uomo o donna. Le donne non possono accedere a questa professione, come non possono accedere a molte altre professioni, poiché il modello sociale a loro richiesto è unico, il modello di moglie-madre, dedita alla famiglia.

Con la Controriforma le differenze fra cattolici e protestanti riguardo alla vita privata sono dunque rilevanti, ma il Concilio di Trento segna un importante cambiamento anche in quei paesi come l'Italia, la Francia o la Spagna, che restano cattolici. La Chiesa, con il controllo esclusivo del matrimonio, acquista un potere sulle donne e sulla loro funzione materna che in precedenza era stato condiviso insieme a padri e mariti. Dal punto di vista delle relazioni familiari le donne vengono controllate da un gruppo di uomini celibi, cioè uomini che rispetto alle donne non conoscono che la relazione di figli, non diventeranno infatti né mariti, né padri. In sostanza dunque, da un punto di vista simbolico, le donne sono controllate dai figli. Corrispondentemente osserviamo dei mutamenti nel culto mariano che del materno e delle madri è la metafora.

La Controriforma, infatti, sposta il simbolo sul polo monastico: la Madonna orante dell'Immacolata Concezione ha il sopravvento sulla Madonna in trono. La Chiesa controlla in modo assoluto il matrimonio e, per la prima volta, s'impone un simbolo celibatario e monastico anche per il matrimonio e la maternità. L'equilibrio fra i due poli opposti vergine-madre, è definitivamente alterato a vantaggio della verginità e della protezione, a scapito della fertilità e della discendenza. L'Immacolata Concezione diventa una icona vera e propria della Controriforma in contrasto con la scelta protestante di abolire il culto mariano e la dipendenza dalla Chiesa romana di cui la Madonna è il simbolo. La grande varietà e la grande bellezza delle immagini mariane medievali si ridurrà progressivamente a una rappresentazione sempre più ripetuta e sempre più stereotipata, quella della Immacolata idealizzata, da sola, vestita di bianco e di azzurro. Questa immagine perderà alla fine (fra '800 e '900) ogni valore estetico per tramutarsi in un logo vero e proprio con le statuette in plastica della Immacolata di Lourdes.

La spaccatura fra i cristiani abolisce la funzione mediatrice delle madri fra padri e figli e la funzione delle donne è assorbita dai padri-mariti nel contesto protestante e dai figli celibi nel contesto cattolico, questa abolizione del ruolo mediatore rende difficile pensare la coppia dei genitori perché la madre non è più un soggetto autonomo. Da un punto di vista dello sviluppo psichico individuale entrambi gli immaginari religiosi diventano squilibrati ed entrambi danno ai fedeli un'indicazione perversa, tutti e due infatti accentuano in modo pericoloso un tratto da sempre problematico dell'immaginario religioso cristiano: la negazione della coppia coniugale come origine di sé. Tutti e due gli immaginari, tanto quello cattolico quanto quello protestante, indicano nella nascita unigenita l'origine di sé, tutti e due gli immaginari alterano alle fondamenta la nozione di causa, cioè la nozione di causa di sé. I cattolici fanno nascere tutti i figli solo dalla madre: il marito è irrilevante nel sacro ed è soppiantato dal figlio. I protestanti fanno nascere tutti i figli solo dal padre: la moglie è irrilevante nel sacro. Sicché gli uni e gli altri cancellano il rapporto di coppia come scambio produttivo di soggetti e lo convertono in una relazione simbiotica di dominio del padre sulla madre, del figlio sulla madre. La funzione mediatrice soggettiva delle donne non è più riconosciuta, sebbene continui ad esistere, diventa una funzione clandestina, collocata in un territorio privato, fuori dalla legalità vera e propria. La funzione mediatrice da funzione dipendente si converte in funzione inferiore.

Il celibato.

Al Concilio di Trento non solo viene ribadito il carattere sacro del matrimonio, ma anche il carattere sacro del sacerdozio per i cattolici. Del resto, il celibato è confermato quale requisito obbligatorio per ricevere il sacramento dell'ordine e quale condizione morale di maggior valore rispetto alla condizione coniugale. Il matrimonio e il celibato sono più che mai in contrasto: non è possibile accedere a entrambi i sacramenti. La castità è pur sempre considerata una condizione di maggior valore morale dell'unione coniugale anche per le monache e le suore, ma solo gli uomini possono accedere alle funzioni sacerdotali.

Da un punto di vista morale si consolida e si rafforza una gerarchia in cui gli uomini sposati sono subordinati agli ecclesiastici e dipendono unilateralmente da loro per la remissione dei peccati e per la legittimità dei loro matrimoni. Le donne sono tenute a una doppia obbedienza, in primo luogo agli ecclesiastici e in secondo luogo ai padri e ai mariti. È chiaro che la doppia lealtà crea uno spazio di contrattazione e di potere, ma anche una doppia insicurezza.

Che cosa rappresenta la superiorità morale del celibato?

Il celibato è stata una forma di esclusione dalla paternità, compensata da un riconoscimento morale. Per concentrare la ricchezza alcuni figli vengono esclusi dall'eredità della terra, da gran parte della ricchezza paterna e dalla filiazione legittima che metterebbe in condizione di ereditare dal padre. Questi esclusi, recisi dalla trasmissione della discendenza come rami secchi che non danno frutto, d'altra parte vengono elevati a pastori morali della comunità e costituiscono la gerarchia ecclesiastica; mentre vengono privati della paternità naturale vien loro assegnata la paternità spirituale. Il fatto di non avere figli e famiglia propria li renderebbe più distaccati dalle cose mondane e dunque più capaci di giudicare e valutare dal di fuori le contese familiari e i problemi della filiazione. Tuttavia il celibato, sul piano simbolico, è anche qualcosa di più di un espediente socio-economico, il celibato è un pegno offerto a Dio, grazie al quale l'offerente, cioè il sacerdote, ha un credito speciale presso di Lui, simile al credito materno. Per intendere il senso del celibato bisogna pensare ai fondamenti stessi della simbologia religiosa del sacrificio.[9] Il sacrificio era l'uso antico (greco, romano, ebraico) di offrire animali agli dei in segno di omaggio, per ottenere i favori degli dei e scongiurare la loro ira. Il cristianesimo, rispetto alle religioni antiche, fa un salto di qualità nell'offerta, sacrifica a Dio un essere umano, Cristo in croce sta in luogo dell'agnello ucciso per Dio, non la vita di un animale, ma la vita umana viene offerta a Dio. I sacerdoti si considerano eredi di Cristo e s'identificano con lui e con la sua condizione di vittima, sicché il celibato è un sacrificio della vita. La rinuncia al matrimonio, alla sessualità e ai figli è una rinuncia alla vita per dedicarsi al servizio di Dio. La vita dei figli che non genereranno viene offerta a Dio come un sacrificio di sé, come un anticipo meritorio sulla morte terrena e un credito sulla vita eterna. Di qui la superiorità morale nel mondo terreno rispetto agli uomini sposati, di qui la capacità di perdonare i peccati, compresi quelli relativi alla vita e alla morte. La madre è la modesta intermediaria della vita terrena, il figlio è l'onnipotente intermediario della vita eterna, perché non fa uso della vita terrena, ma la offre a Dio.

---

[9] Sul sacrificio vedi due studi classici: uno sociologico-antropologico H. Hubert, M. Mauss, *Essai sur la nature et la fonction du sacrifice* (1899), in M. Mauss, *Oeuvres*, Les Editions de Minuit, Paris 1968, vol. I, pp. 193-354, l'altro psicanalitico, sul sacrificio della verginità, S. Freud, *Contributi alla psicologia della vita amorosa* (1910-1917), OSF, vol. VI, pp. 433-448. Vedi anche, fra gli altri, R. Firth, *Offering and sacrifice: problems of organization*, in "The Journal of the Royal Anthropological Insitute of Great Britain and Ireland", XCIII (1963), pp. 12-24; V. Valeri, *Kinship and Sacrifice,* The University of Chicago Press, Chicago 1958, pp. 37-83; R. Girard, *La violence et le sacré,* Grasset, Paris 1972, tr. it. Adelphi, Milano 1986.

La mediazione.

L'immaginario religioso nel medioevo colloca Maria in una posizione mediatrice fra Padre e Figlio. Poiché Maria è un'immagine mentale e figurativa sacra, è un simbolo dai contenuti normativi per le donne. Il compito assegnato alle donne è un compito di mediazione, mediazione fisica nella riproduzione e mediazione morale nell'educazione fra padre e figlio. La sessualità femminile è considerata buona e pura solo nelle funzioni relative ai figli, mentre la mediazione con il padre naturale terreno (in quanto marito) è considerata impura.

All'interno dei paesi cattolici la Controriforma, grazie soprattutto a francescani e gesuiti, colloca le donne fra i meccanismi necessari della natura e nello stesso tempo cambia il significato della natura e delle sue leggi. Un determinismo forte coinvolge il ruolo materno, esautorando le donne dalle funzioni mediatrici soggettive di cui erano state protagoniste nel Medioevo. Decisiva in questo senso è la critica mossa dal gesuita Francisco Suarez[10] a Tommaso d'Aquino. Secondo Tommaso d'Aquino i sovrani, per formulare le leggi positive per i loro sudditi, debbono cercare di capire le leggi che Dio ha inserito nella natura e debbono emanare delle leggi quanto più possibile simili alle leggi divine, in modo tale che vi sia un'armonia fra leggi divine e leggi positive. La razionalità è la continuità fra il mondo, gli esseri umani e Dio. In questa ipotesi le donne, nel concepimento, nella gravidanza, nel parto e nella cura dei figli si conformano intenzionalmente alla volontà divina, sono sì dipendenti da padri e mariti, ma hanno un ruolo di mediazione soggettivo nella maternità.

I gesuiti (come peraltro tutti i sostenitori del dogma della Immacolata Concezione), in particolare grazie all'opera monumentale di Francisco Suarez, fanno prevalere la volontà sulla razionalità come tratto di continuità fra gli esseri umani e Dio. Le

---

[10]F. Suarez, *De legibus ac Deo Legislstore*, Madrid 1970, I, 1, 2; II, 2, 13.

leggi naturali – dice Suarez – sono chiamate impropriamente leggi, poiché le leggi sono un prodotto della volontà, implicano un comando e un'obbedienza, mentre i meccanismi naturali sono dominati dalla necessità che Dio ha stabilito. Le madri sono pertanto del tutto innocenti e non responsabili dei meccanismi naturali del concepimento, della gravidanza e del parto. La loro volontà non è in grado di controllare il divenire naturale di questi eventi. La maternità è senza macchia perché è senza responsabilità, è opera di Dio: questo è il senso dell'Immacolata Concezione di cui Suarez è grande devoto.

Per Tommaso la razionalità della legge positiva deve rispecchiare la razionalità della legge naturale che, a sua volta, si specchia nella legge divina e tende al fine ultimo della visione di Dio in continuità tra fine terreno e fine soprannaturale: "Poiché la creatura razionale condivide la ragione intellettualmente e razionalmente, per questo motivo la partecipazione alla legge eterna nella creatura razionale viene chiamata legge a giusto titolo; infatti la legge è qualcosa di razionale".[11] Per Suarez, invece, la legge positiva è un atto di volontà del sovrano che riceve il potere dal popolo e agisce per raggiungere soltanto il bene comune terreno, disgiunto e indipendente dal fine soprannaturale.

La legge diventa una capacità d'imporsi, di farsi obbedire, e non dipende più dal desiderio di adeguarsi alla natura e alle sue ragioni. Non è più la volontà a dipendere dalla ragione, ma viceversa è la ragione a dipendere dalla volontà. In questa ipotesi le donne sono totalmente assorbite dalla natura e dai suoi meccanismi involontari, la loro funzione mediatrice è alienata nei figli. Questo nuovo scenario simbolico lascia uno spazio molto più ampio del precedente alla violenza esercita sulle donne.

---

[11] "*Quia rationalis creatura participat rationem intellictualiter et rationaliter, ideo participatio legis aeternae in creatura rationali proprie lex vocatur; nam lex est aliquid rationis*", *Summa Theologiae*, Marietti, Torino-Roma 1948, Ia IIae, qu. 91, a.2, ad 3m. Vedi in particolare *Summa Theologiae*, Ia IIae, qu. 90, a.1.

La mediazione è un compito per definizione dipendente, tuttavia non bisogna confondere la mancanza di potere legislativo con la mancanza di un ruolo soggettivo proprio, sia pur molto circoscritto.[12]

L'assimilazione del nuovo mondo.

Che cosa significa sul piano politico e istituzionale che la funzione mediatrice delle madri passa alla Chiesa cattolica?

La disputa intorno alla concezione di Maria ci dà molte risposte. Infatti ha grande peso per i gesuiti, per Francisco Suarez in particolare e per le relazioni fra sovrani spagnoli e clero spagnolo. Al momento della Controriforma la corona di Spagna ha un'influenza decisiva sul papato e al tempo stesso il re di Spagna è il più fedele dei re cattolici, il più disposto a riconoscere e a delegare l'autorità morale al papa.

Nelle tesi di Suarez il popolo che conferisce il suo potere nelle mani del sovrano è contenuto e condizionato dalla Chiesa *ante saecula*,[13] cioè prima del tempo storico e al di fuori del tempo storico ed è a causa di questo legame meta-storico che precede le leggi positive, indipendentemente dal loro contenuto, ché il papa può legare o sciogliere qualunque legge. Il femminile-materno è saldato al figlio e risponde a Dio e non ai sovrani e alle leggi positive. La violabilità delle donne infatti non è controllabile da parte delle leggi umane, ma solo da quelle della natura, proprio nel momento del concepimento, cioè nel momento in cui le leggi della natura, ancora pure, entrano in rapporto con le leggi positive. Il materno, su cui il papa ha l'egemonia, è un valore indeterminato socialmente, la

---

[12] Ci sono mestieri basati sulla mediazione in cui non viene in mente a nessuno che le persone si trovino in una situazione d'inferiorità, bastino per tutti i diplomatici e gli avvocati che, per definizione, rappresentano qualcuno presso qualcun'altro.

[13] Il passo biblico Eccl. 24,14 "*Ab initio et ante secula creata sum*" è fra quelli citati dai fautori dell'Immacolata Concezione come espressione dell'intenzione divina di preservare Maria dal peccato originale.

determinazione è infatti conferita dall'esterno, cioè dal padre. I privilegi concessi da Dio alla Vergine diventano in quegli anni una sorta di quadro di riferimento prepolitico, che assegna alla Chiesa il ruolo di contenitore dei popoli del nuovo mondo.[14]

Due volontà si confrontano per compensarsi reciprocamente: quella arbitraria e libera di contraddire la ragione dei sovrani e dei loro sudditi, e questo è l'ambito delle leggi positive; poi vi è la volontà di Dio che organizza la realtà, ma nelle sue leggi comando e obbedienza coincidono, a questa volontà obbediscono il papa, i sacerdoti e le madri. La Vergine è considerata come non determinata dal marito fin dal IV secolo, i fautori dell'Immacolata Concezione come Suarez e come i gesuiti, in aperto e inconciliabile contrasto con Tommaso e i domenicani, esigono che sia non determinata nemmeno dal padre. L'ipotesi che Maria sia nata senza contrarre il peccato originale perfeziona la sua assoluta dipendenza da Dio, il suo essere pura serva del Signore; l'esenzione, infatti, implica che, oltre a non aver avuto alcun contatto determinante con Giuseppe, non abbia nemmeno ereditato alcuna determinazione da suo padre Gioacchino. Il figlio viene direttamente da Dio senza che sua madre porti traccia né del marito (Giuseppe), né di suo padre (Gioacchino), quest'assenza assoluta di legami maschili la svincola dal contratto fra Dio e Adamo.[15]

La principale preoccupazione dei re di Spagna è l'assimilazione del nuovo mondo e queste sono anche le preoccupazioni sia di Suarez, sia di tutti i sostenitori del dogma della Immacolata Concezione.[16] Se

---

[14] *Tractatus theologicus De Immaculata Conceptione B. Mariae Virginis*, in J.J.Bourassé (a cura di), *Summa aurea de laudibus Beatissimae Virginis Mariae Dei Genitricis sine labe conceptae*, Paris 1862, p. 480.

[15] Le donne in quanto madri e la Chiesa in quanto istituzione materna sono senza peccato, sono contenitori puri, indipendenti rispettivamente dalle colpe dei padri - mariti e dei sovrani.

[16] Oltre ai gesuiti, hanno una parte rilevante come fautori dell'Immacolata anche i francescani, tutti e due questi ordini sono coinvolti nell'evangelizzazione del nuovo mondo.

Maria fosse stata santificata *in utero*, come vorrebbero Tommaso e i domenicani, porterebbe la traccia del peccato originale. Infatti, avrebbe contratto il peccato al momento dell'unione carnale dei suoi genitori e sarebbe stata mondata nel ventre materno prima della nascita. In tal modo avrebbe ricevuto una determinazione di suo padre Gioacchino e in tal modo coinvolgerebbe il padre nella sua discendenza. Eliminando il peccato originale, viene eliminato ogni contatto fra Gioacchino e sua figlia Maria e così Cristo non ha più alcun legame con il popolo ebraico a cui Gioacchino appartiene.

Poiché non vi è una responsabilità soggettiva di Maria, il controllo della fertilità si configura come dominio sulla fertilità, dominio dei figli e in particolare di quelli dedicati a Dio, cioè dei sacerdoti.

La conoscenza nella mente di Dio dei meriti di Cristo ottiene per l'Immacolata il privilegio dell'esenzione dal peccato originale. L'esenzione è dovuta alla volontà di Dio.[17] Ci troviamo cioè nell'ambito della volontà di Dio: "... la legge eterna necessariamente include e postula un atto della volontà divina, poiché anche la libertà di Dio si trova formalmente contenuta nella volontà divina; tuttavia la legge eterna è qualcosa di libero in Dio; pertanto comprende la volontà".[18] Poiché non esiste legge senza volontà di comando, non esiste legge senza qualcuno che le obbedisca volontariamente e non per necessità. "...La subordinazione e la soggezione delle cose irrazionali a Dio, vien detta obbedienza in senso lato e metaforico, giacché si tratta piuttosto di una certa forma di necessità naturale".[19] Per questo la madre, dunque anche la Vergine, non ha merito suo proprio e non obbedisce se non come gli esseri animali o le cose, senza responsabilità. Tuttavia, "anche la legge eterna, quando con essa si procede al governo delle cose razionali da un punto di vista morale e politico, ha una propria specifica razionalità di legge a cui

---

[17] *De legibus*, II, II, 3.
[18] Ivi, II, III, 4.
[19] Ivi, II, II, 13.

corrisponde una altrettanto specifica obbedienza".[20] Chi sono coloro che obbediscono dunque alla legge eterna per far sì che sia una legge? Quei figli che nella previsione divina, come il figlio per definizione, facendo uso della volontà umana e della libertà umana, scelgono di mettersi al servizio di Dio e di rendersi strumenti consapevoli del volere divino. In tal modo gli ecclesiastici, ovviando a un'incapacità delle madri, rendono operativo il volere di Dio, attraverso un'unione mistica, naturale e al tempo stesso volontaria .[21]

Non per caso, al Concilio di Trento, con il pieno appoggio dei gesuiti, tutto ciò che riguarda le spose, le future madri viene conservato nel sacro e nel diritto canonico e viene affidato all'autorità esclusiva degli ecclesiastici: "...le leggi Canoniche spettano all'ordine soprannaturale, sia perché derivano dal potere concesso a Pietro, affinché pascolasse il gregge di Cristo, sia anche perché traggono origine dai principi del diritto divino; e questo imitano, per quanto è possibile e conviene".[22] L'ultima parola dunque spetta non a chi comanda ma a chi è capace di obbedire alla volontà più forte e quella di Dio è più forte di quella del sovrano.

La Chiesa come soggetto collettivo, come istituzione simbolicamente identificata con il materno, accetta al posto di tutte le donne, ridotte a oggetti naturali-passivi della volontà divina, qualunque figlio Dio voglia mandare loro, senza nessun tipo di riguardo per le condizioni del concepimento e per il ruolo del padre. Questa devozione ha dunque essenzialmente un compito di accoglienza, attraverso un'immagine indifferenziata di pietà materna, delle popolazioni conquistate, private dell'autorità dei padri, dei capi e delle loro norme.

---

[20] Ibidem.

[21] *De legibus*, I, IV, 5.

[22] "*...leges Canonicae ad supernaturalem ordinem spectant, tum quia a potestate Petro data ad pascendum Christi gregem derivantur, tum etiam quia ex principiis divini iuris originem ducunt; illudque quod fieri potest, et expedit, imitantur*", *De legibus, Proaemium*, p. 3.

Tuttavia, la priorità assegnata alla filiazione rispetto all'unione coniugale, al di là delle contingenze politiche, cancella in primo luogo il corpo del padre e poi fonde insieme il corpo del figlio e quello della madre. In altri termini, le esigenze della conquista non mancano di alterare anche il quadro di riferimento simbolico dei conquistatori. Distruggere l'altrui organizzazione sociale implica uno sconvolgimento anche della propria. Le conseguenze sono sia politiche, sia psicologiche.

L'immaginario perverso e la violenza.

Il processo di maturazione è difficile, così come il distacco dai genitori in genere, per tutti e dovunque, per gli uomini come per le donne. Il ciclo pittorico della Concezione illustra proprio questa originaria vicissitudine della psiche. La timidezza di tutti i bambini a pensare come nascono i bambini è il segno di una curiosità elementare e fondamentale nei processi conoscitivi. D'altra parte riuscire a pensare la coppia dei genitori e la loro unione è importante sul piano affettivo, per riuscire a diventare adulti e a costruire un'altra possibile coppia, una nostra coppia diversa e simile a quella dei genitori.[23]

I pittori, nell'arte sacra, ci rappresentano queste difficoltà. L'immagine dello Sposalizio di Maria e Giuseppe è un'immagine che troviamo frequentemente dal '300 al '500 (Giotto, Raffaello), tuttavia, San Giuseppe non riesce mai a diventare il vero marito di Maria: la difficoltà a pensare come siamo nati è grandissima nell'immaginario cristiano. Il celibato perpetuo a cui sono tenuti

[23] Cfr. S. Freud, *Teorie sessuali dei bambini* (1908), OSF, Bollati-Boringhieri, Torino 1967-1980, V, pp. 449-465; dello stesso autore, *Contributi alla psicologia della vita amorosa* (1919-1917), OSF, VI, pp. 407-448; *L'Io e l'es* (1922), OSF IX, pp. 471-520; per una guida critica ai saggi di Freud qui indicati vedi J. Chasseguet Smirgel, *Les deux arbres du jardin*, Des Femmes, Paris 1988 (I ed.1986; tr. it. Raffaello Cortina editore).

coloro che commissionano le immagini sacre non può che accrescere queste difficoltà, a loro infatti non è dato progettare una futura coppia coniugale. I pittori, per riuscire a rappresentare il concepimento, lo spostano di una generazione: nel '300 e nel '400 la Concezione è rappresentata come la coppia dei nonni di Cristo, cioè Gioacchino e Anna, genitori di Maria. Oppure, la Concezione è rappresentata nella sua forma passiva, cioè come la figlia concepita, cioè come Maria concepita.[24] In altre parole la rappresentazione della Concezione è divisa in due, da una parte la coppia dei genitori, uniti in un abbraccio realistico che significa l'unione coniugale dei corpi, e questo è il modello per chi vuole avere figli e discendenza; dall'altra la Concezione come Maria-figlia (frutto contenuto nel ventre di Anna), a sua volta gravida, metafora dell'eterno ripetersi della fertilità e del carattere contenitivo del ventre materno, luogo per chi rimane celibe, sotto la protezione della Chiesa. Preti e monache si fermano nella condizione di figli senza discendenza, s'identificano con la funzione protettiva del ventre materno e fanno del *maternage* la loro vita.

Queste due immagini scompaiono progressivamente con la Controriforma e nel corso del '600 si afferma in numerosi esemplari un'altra e unica immagine della Concezione. La Vergine è sola, bianchissima, giovanissima e, in modo del tutto invisibile, gravida dall'eternità; questa rappresentazione la troviamo in Velazquez,

---

[24] Cfr. M. Levi D'Ancona, *The iconography of the Immaculate Conception in the Middle Ages and Early Renaissance,* The College Art Association of America, New York 1957; C. Conforti, *Lo specchio del cielo. Forme, significati, tecniche e funzioni della cupola dal Pantheon al Novecento*, Electa, Milano 1997, p. 67 e sgg., G. Radler, *Die Schreinmadonna "Vierge Ouvrantes". Von den bernhardinischen Anfaengen bis zur Frauenmystik im Deutschordensland mit beschreibendem Katalog*, Kunstgeschichtliches Institut der Johann Wolfgang Goethe-Universitat, Frankfurt 1990; L. Réau, *Iconographie de l'art chrétien*, PUF, Paris 1955, t. I, vol. I, pp. 458-461, t. II, vol. II, pp. 71-75; E. Male, *L'art religieux de la fin du Moyen Age,* Colin, Paris 1908; dello stesso autore, *L'art religieux après le Concile de Trente*, Colin, Paris 1932.

Zurbaran, Murillo, Guido Reni e altri fino alle numerose Immacolate di Tiepolo. Prevale l'immagine monastica della concezione e questo modo di rappresentare la Concezione mette da parte la coppia coniugale. Si fa partire l'origine di sé dalla madre sola e dalla condizione di dipendenza assoluta del figlio nella gravidanza. La gravidanza è opera di Dio e la madre è un contenitore senza macchia, senza peccato, senza responsabilità, del figlio.

Il predominio assoluto della Chiesa in materia di matrimonio porta al predominio della sola immagine ecclesiastica: una madre indissolubilmente legata al figlio nel matrimonio mistico. Il matrimonio mistico fra la madre-Chiesa e Cristo (il figlio-sacerdote-celibe) diventa l'icona del matrimonio al posto della coppia di genitori. A partire dal 1563 e fino al 1854 (anno di proclamazione del dogma della Immacolata Concezione), la capacità dei singoli di pensare alla coppia dei genitori e al concepimento di sé è messa a durissima prova. Devono infatti lottare strenuamente contro un immaginario normativo divenuto perverso, che cancella la coppia e fa partire la realtà della nascita dalla gravidanza. La partenogenesi diventa il momento originario e diventa, contemporaneamente, il simbolo del matrimonio.

Nel saggio di Lorella Tessarotto si vede come il giudizio sulla donna sedotta si sposta dalla comunità all'autorità ecclesiastica, dalla fama buona o cattiva che la sedotta aveva nella comunità di appartenenza a un comportamento codificato astratto. Inoltre, la seduzione la rende colpevole, indipendentemente dalla condotta dell'uomo. Dalla comprensione per una sensualità che doveva sì rimanere nei termini delle divisioni sociali, ma che doveva comunque essere protetta come fonte della fertilità, si passa a una presunzione di colpevolezza che non conosce attenuanti per qualsiasi forma di affermazione della sessualità femminile che non conosce attenuanti. La monaca, la donna asessuata diventa il modello della donna sposata e madre, con lo stesso rovesciamento che vediamo nelle immagini, dalla Madonna in trono con il bambino, alla

Madonna giovinetta sola e senza bambino. La madre virtuosa e virtuale come modello superiore rispetto alla madre sessuata e carnale.

Mentre la madre sembra un personaggio sempre più disincarnato, il saggio di Federica Barbo ci mette di fronte a una fisicità reale molto drammatica dei figli. La volontà di tenere lontano le donne dal sacro raggiunge punti estremi. Infatti, per evitare che le donne cantino in chiesa, come i protestanti propongono, si ricorre alla castrazione dei bambini dotati di una bella voce per non mancare delle note acute, proprie della voce femminile. Questa pratica violenta esercitata all'ombra dei papi non può, per tutto quello che siamo venuti dicendo, essere ridotta a, sia pur crudele, espediente tecnico e polemico. Leggendo infatti il saggio di Federica Barbo vediamo che il cantante castrato è presentato come un essere superiore alla donna, un essere angelico, dotato di una voce straordinaria, acuta come quella di una donna e potente come quella di un uomo. Il castrato, in altri termini, è il passaggio all'atto di una fantasia di onnipotenza che passa attraverso l'identificazione con la madre e il desiderio di fondersi con lei fino a sostituirla, prendendone il posto e cacciandola dalla scena. Questa fantasia è parte sostanziale della mariologia e la percorre tutta. Nondimeno, nei paesi cattolici fra '600 e '700 la mariologia assume un'importanza mai raggiunta prima. Diventa il centro della devozione e della teologia, ma soprattutto assume toni sentimentali smodati che divinizzano Maria, suscitando lo sdegno non solo dei protestanti, ma anche di molti cattolici, fra cui - come abbiamo visto - i domenicani.

Del resto, qualsiasi forma di idealizzazione[25] eccessiva contiene delle ambivalenze, l'omaggio esasperato rivela timore e nasconde aggressività; l'ambivalenza la vediamo nella evoluzione delle immagini. L'esaltazione in crescendo del materno, va di pari passo

---

[25] Uno studio decisivo su questo argomento è J. Chasseguet-Smirgel, *La maladie d'idealité*, EU, Paris 1990, tr. it. Raffaello Cortina Editore.

con una rappresentazione che priva la Madonna del bambino; più si esalta la madre, più si accentua il carattere verginale e immacolato della concezione, di nuovo negando la maternità con le parole stesse della devozione. L'affidamento alla Chiesa cattolica *in modo esclusivo* del matrimonio, l'affidamento, cioè, a un gruppo di uomini che restano figli e non accedono al matrimonio, né come mariti, né come padri, frustra la fertilità materna e toglie alla madre un referente fondamentale nella mediazione fra padre e figlio, toglie alla madre l'oggetto dell'amore sessuato, il padre di sé, il marito di lei.

Dicevamo che dal IV secolo l'immaginario cristiano contiene la mariologia, dunque da sempre vi è questa identificazione-invidia, da sempre il ruolo del marito di Maria è negato, tuttavia la reale castrazione dei bambini cantori è un passaggio all'atto che denuncia un'insostenibile alterazione del senso della realtà. La metafora si mette al posto della realtà devastandola. I sentimenti infantili, profondi, d'identificazione con la madre e di rifiuto del padre che la devozione mariana esprimeva e permetteva così di elaborare e di tenere a bada, esplodono negli aspetti più distruttivi.

L'indebolimento ulteriore del ruolo paterno lascia soli madre e figlio, uno di fronte all'altra. Il confronto senza mediazione produce un legame simbiotico, dove l'uno non riesce a staccarsi dall'altra, perché entrambi, per sopravvivere, devono ridurre l'altro/a a strumento della propria affermazione. L'identità della madre pervade l'identità del figlio, l'identità del figlio pervade l'identità della madre in un abbraccio carico di violenza reciproca. Di questa violenza troviamo le tracce negli archivi criminali studiati da Giovanna Tinunin.

Quando nel '700 non sarà più consentita la ricerca della paternità e il seduttore sarà sollevato dalle sue responsabilità, lo scenario si farà tragico e l'infanticidio aumenterà in modo inquietante. Giovanna Tinunin mostra come progressivamente una nascita fuori del matrimonio si traduca in una colpa insostenibile per la ragazza sedotta. Le relazioni intorno alla nascita non sono più condivise con la comunità che si faceva garante della condotta delle donne, ma anche di quella degli uomini e le donne sedotte si trovano in una condizione di assoluto abbandono e di grave pericolo per sé e per il figlio nascituro. La buona fama che in una comunità poteva aiutare la giovane sedotta comprendeva l'opinione di uomini sposati e soprattutto di molte donne, la nuova normativa lascia le sedotte sole di fronte al giudizio di uomini identificati con la castità del celibato. La condizione di queste donne è tanto difficile che gli stessi giudici finiscono per rendere meno gravose le pene dell'infanticidio e finiscono per considerare questo tremendo gesto una forma di follia.

In altri termini, i parametri del matrimonio e della sessualità prima del Concilio di Trento facevano parte di un progetto sociale basato sulla fertilità e sulla vita, le nuove norme invece fanno parte di un progetto sociale basato sulla castità e sull'astinenza, in ultima istanza sulla morte.

Le immagini hanno, talvolta, una sorprendente capacità di sintesi. In questo senso possiamo guardare uno dei quadri di Caravaggio, *La morte della Madonna* (fig. 1),[26] come una vera e propria illustrazione di quanto abbiamo fin qui detto. Questo dipinto infatti interpreta il tema in modo sorprendente, tanto da destare scandalo quando Caravaggio lo realizzò. Al posto delle severe e composte scene funebri che commemoravano il trapasso di Maria, Caravaggio propone la brutalità di un fatto di cronaca. Prende a modello della Madonna morta il cadavere di una prostituta appena ritrovata annegata nel fiume. Il corpo esanime riverso, esposto agli sguardi in uno spazio aperto, in mezzo alla strada, il ventre gonfio d'acqua, la donna è circondata da una folla casuale. Un vestito povero scomposto, i piedi scalzi e nudi in primo piano non appoggiano su

---

[26] Caravaggio, *La morte della Madonna*, Parigi, Museo del Louvre.Su Caravaggio cfr. R. Longhi, *Il Caravaggio*, Martello, Milano 1957; G. Previstali (a cura di), *Caravaggio/Roberto Longhi*, Editori Riuniti, Roma 1988;F. Bologna, *L'incredulità del Caravaggio e l'esperienza delle "cose naturali"*, Bollati Boringhieri, Torino 1992.

nulla, non è più la sacralità ad alzarla da terra, è il rispetto per la morte che la stacca di poco dal suolo. Violenta la vita del pittore, violenta la rappresentazione, turbati committenti e spettatori: è la fine di un'epoca, la morte di un'illusione. L'illusione dell'immortalità. Caravaggio, con la sensibilità divinatoria di un rabdomante della psiche, avverte tutta la gravità del conflitto intorno alla madre e ci mostra il rovescio della medaglia, l'altra faccia della devozione. Gli eccessi del culto nascondono l'incapacità di accettare i limiti umani che la madre ci consegna. Il figlio che ha abitato e mangiato il corpo materno, non senza rancore, continua anche da adulto, a pretendere di estorcerle la vita e la usa e la strazia, senza rispetto, fino a distruggerla. Ai fasti del culto - lo abbiamo visto - corrispondono molte donne e molti bambini alla deriva.

Lo scenario figurativo si riempie di ombre oscure, di scene cruente e drammatiche, segni di crisi per un verso e di paure del cambiamento dall'altro. Lo sconvolgimento degli affetti e degli equilibri troverà aiuto in nuove strade intraprese dalla ragione.

Infatti, fra XVIII e XIX secolo, il pensiero abbandona le illusioni dell'immortalità, abbandona l'idea che esista una Verità rivelata e passa ad una conoscenza sperimentale, basata sull'esperienza sensibile. L'esperienza sensibile soggettiva della scienza ha bisogno per essere coerente delle esperienze pensate dalle donne, ha bisogno della loro specificità.[27]

Il modo di ragionare scientifico è ormai per tutti il solo modo di ragionare, dal bambino delle elementari fino agli scienziati ad

---

[27] Cfr. E. Fox Keller, *Secrets of life, Secrets of Death: Essays on Language, Gender and Science*, Routledge, New York 1992; N.J. Chodorow, *Femminile, maschile, sessuale*: *Sigmund Freud e oltre*, tr. it. La Tartaruga, Milano 1995; F. Héritier, *Masculin/Feminin, La pensée de la différence*, Odile Jacob 1996; Maria Nadotti, *Sesso e genere*, Il Saggiatore, Milano 1996; vedi anche il numero speciale di "Gender and History", XI, n°3 nov. 1999, *Gender and History Retrospect and Prospect* (L. Davidoff, K. McClelland, E. Varikas editors.); il numero monografico di "Esprit", *L' un et l'autre sexe*, LXIX, 273, mars-avril 2001.

altissima qualificazione. Il modo di ragionare basato sull'esperienza sensibile, sugli esperimenti e sulle prove documentate è quanto viene insegnato nelle scuole e questo modo di ragionare è talmente diffuso da sembrare ovvio. Le verità non sono più interpretazioni di un volere divino, sono conoscenze più modeste, ma provate, sono probabili, possibili, ma non più assolute. Le leggi naturali che Suarez considerava ordini imperscrutabili di Dio impartiti prevalentemente alle donne, sono diventate l'oggetto della scienza, sempre più conosciute (mai note, però, una volta per tutte), e questo grazie al fatto che sono diventate pensabili anche dalle donne. Il pensiero sperimentale scientifico è un modo di pensare capace di farsi intendere e di intendere in tutto il mondo e si basa, implicitamente, su due soggetti diversi, uomo e donna, perché necessariamente diversa è la loro esperienza sensibile soggettiva. Questo è il merito positivo della cultura occidentale, un merito limitato, ma innegabile.

È indubbio, tuttavia, che la voce delle donne trova un ostacolo non dappoco nella volontà del pensiero religioso maschile di continuare a definire "il femminile". Il prete cristiano, protestante o cattolico che sia, non è più colui che conosce, ma è ancora troppo spesso colui che decide che cosa è bene e che cosa è male, anche senza tener conto della ragione e del pensiero, e proprio là dove i pensieri delle donne sono decisivi. Questo non di rado accade anche ad opera di scienziati e scienziate che mantengono una grande ambiguità fra pensiero religioso, rivelazione e scienza, persone che non hanno ancora imparato il rispetto delle donne e della loro sessualità. Il soggetto indifferenziato, l'onnipotente che è tutti e due i sessi, in quanto si immagina rappresentante della volontà di Dio, può rendere non vero e non reale quello che gli pare: nessun esperimento può aver ragione degli arbitrii della volontà. Questo atteggiamento è funzionale - come abbiamo visto - all'uso del pensiero religioso come mezzo di assimilazione, ma è anche il sintomo di un disagio costitutivo della modernità, un disagio interno alla civiltà occidentale, il suo senso di morte. La separazione fra ragione e volontà è ciò che ostacola l'affermazione delle donne e la maturazione di tutti gl'individui, perché impedisce di introiettare la norma come principio ordinatore proprio e genera un bisogno malsano di obbedire a qualcuno che decide per te o di comandare qualcuno che ti obbedisce.

Si tratta di recuperare la capacità di mediazione che è la cifra storica dell'identità delle donne e utilizzarla per affrontare e gestire un conflitto, solo in parte nuovo, necessario a ricomporre l'equilibrio donna-uomo, ragione-volontà, sapere-potere, intelletto-affettività.

Promesse e inganni: seduzione e matrimonio dopo il Concilio di Trento.

di Lorella Tessarotto

Il matrimonio cristiano nasce dalla confluenza del matrimonio romano con quello germanico.

Per comprendere la storia dell'istituzione matrimoniale in Occidente è fondamentale la concezione del matrimonio elaborata dal diritto romano. Modestino precisa i termini di quello che era considerato "vero matrimonio" con la definizione che segue: "*nuptiae sunt coniunctio maris et feminae et consortium omnis vitae, divini et humani iuris comunicatio*".[1]

Il vincolo matrimoniale si viene quindi a formare dall'intenzione dell'uomo e della donna di vivere come marito e moglie, unendosi per tutta la vita e accettando di condividere ciò che dipende dal diritto umano e da quello divino. Il matrimonio romano si basa esclusivamente sul *consensus*, su un accordo di volontà, espresso dagli sposi, di considerarsi coniugi e di regolare il loro comportamento di conseguenza; l'unione sarà riconosciuta *iustum matrimonium* in quanto caratterizzata dal reciproco rispetto dell'*honor matrimonii*. Inoltre, sebbene Modestino faccia riferimento all'unione sessuale, *coniunctio maris et feminae*, il diritto romano non riconosce la necessità della consumazione per la validità del vincolo.[2]

Presso i romani, il matrimonio era considerato un dovere civico come tanti altri, il cui fine era quello di avere figli legittimi in grado

---

[1] Modestino, *Digesto*, 23,2,1 cit. in C. Castello, *La definizione del matrimonio secondo Modestino*, in Atti del coll. Romanistico-canonico, Univ. Pont. Lateran., 1979, pp. 267-298.

[2] Cfr. J. Gaudemet, *Il matrimonio in Occidente,* tr. it. SEI, Torino 1989; sulla teoria del consenso presso i romani cfr. P. Rasi, *Consensus facit nuptias*, Milano 1946.

di garantire la successione della famiglia e del patrimonio e, contemporaneamente, di fornire cittadini. La donna, quando si sposava, usciva a tutti gli effetti dalla famiglia di origine. Perdeva ogni legame ed ogni diritto, primo fra tutti quello di ereditare, ed entrava nella nuova famiglia con una dote. Nella società romana il padre aveva un potere assoluto sui figli e la sua funzione di *pater familias* finiva solo con la sua morte. I figli erano a lui sottoposti, sia dal punto di vista economico che da quello disciplinare, anche dopo essersi sposati. La moglie del figlio maschio risultava, da un punto di vista giuridico, figlia del *pater familias*, cioè il suocero diventava il nuovo padre della sposa; pertanto, in relazione al marito, la donna equivaleva giuridicamente a una sorella.[3]

La definizione data del matrimonio nelle *Istituzioni* di Giustiniano, "*viri et mulieris coniunctio, individuam consuetudinem vitae continens*"(1,9,1), verrà tenuta in particolar conto in tempi successivi dai canonisti, per affermare i principi del matrimonio cristiano, primo tra i quali quello dell'indissolubilità. In quanto unione per tutta la vita si sarebbe portati a credere che, presso i romani, il matrimonio non si potesse sciogliere se non con la morte di uno dei due coniugi. Al contrario, formandosi il vincolo matrimoniale dall'incontro di due libere volontà, era possibile che il matrimonio si interrompesse con il cessare *dell'affectio maritalis* da parte di anche uno solo dei coniugi. A Roma esisteva infatti il divorzio, così come la possibilità di contrarre nuove nozze, senza essere moralmente disapprovati dalla comunità. Per quanto riguarda invece il dovere di fedeltà, il diritto romano prevedeva che, in caso di adulterio, fosse perseguita

---

[3] E. Cantarella, *Figlie romane,* in L. Accati, M. Cattaruzza, M. Verzar Bass (a cura di), *Padre e figlia*, Rosenberg & Sellier, Torino 1994. Per quanto riguarda la posizione della donna nel diritto romano, vedi Yan Thomas, *La divisione dei sessi nel diritto romano*, in G. Duby e M. Perrot, *Storia delle donne in Occidente. L'Antichità*, (a cura di) P. Schmitt Pantel, tr. it. Laterza, Roma-Bari 1990.

legalmente solo la donna.[4] Come il matrimonio e il divorzio, i casi di adulterio si risolvevano nella sfera del privato, mentre l'istituzione si limitava a fissare le modalità.

Quali sono gli elementi che caratterizzano l'espressione del consenso matrimoniale, come si forma il vincolo?

Dal punto di vista giuridico, il matrimonio romano non necessita di alcuna formalità obbligatoria per determinare la validità della conclusione. È un atto privato, decisamente informale: non vengono richiesti testimoni, né particolari formule verbali da pronunciare, non è prevista la presenza di un pubblico ufficiale o specifiche registrazioni di documenti. Frequenti sono invece le cerimonie che accompagnano la celebrazione di un matrimonio, ma queste seguono i costumi e le tradizioni del luogo in cui avvengono le nozze. Anche la costituzione della dote è un atto solitamente in uso al fine di provare l'esistenza di un matrimonio, sebbene pure in questo caso non sia considerato una condizione di validità. Il matrimonio non viene infatti inquadrato giuridicamente di per se stesso. Ad esempio Gaio, nelle *Institutiones*, ne parla come di un fatto che accade nella pratica della vita di ogni giorno, senza preoccuparsi di come venga celebrato e senza considerare il momento costitutivo in termini formali.[5] La stabilità dei matrimoni era legata essenzialmente al grande potere del *pater familias*.

La tradizione matrimoniale germanica, e più precisamente longobarda, coesisterà con il matrimonio di tradizione romana quantomeno durante tutto il periodo dell'Alto Medioevo.[6] Il

---

[4] Augusto promulgò una legge, *la Lex Iulia de adulteriis coercendis* del 18 a.C., in cui si riservava al marito o al padre dell'adultera la facoltà di infliggere la pena. Il marito poteva uccidere l'amante e doveva ripudiare la moglie, il padre poteva anche uccidere la figlia. A questo proposito, cfr. E. Cantarella, op. cit., p. 26.

[5] P. Rasi, *La conclusione del matrimonio prima del Concilio di Trento*, in "Rivista di storia del diritto italiano", n. 16, 1943, pp. 233-321.

[6] Ivi.

matrimonio longobardo è un atto di compravendita che avviene tra lo sposo e il padre, mundualdo, della sposa. Il padre, o tutore, detiene l'autorità, *mundium*, sulla sposa, è lui che decide a chi darla in moglie, è sempre lui a stabilire gli accordi patrimoniali: la donna è oggetto di scambio tra due famiglie, come presso i romani.

Il matrimonio si realizza in due fasi. La prima, chiamata *desponsatio*, crea l'impegno matrimoniale: il padre assicura al futuro marito la cessione dell'autorità esercitata fino allora sulla figlia; l'uomo garantisce al mundualdo di versare una somma in cambio della donna, di accoglierla, al tempo stabilito, in casa propria e di trattarla pubblicamente come moglie.

La seconda fase è conosciuta come *traditio puellae.* Può intercorrere anche parecchio tempo tra i due diversi momenti: la *traditio* è la realizzazione concreta degli accordi presi precedentemente, è il momento in cui il matrimonio si perfeziona attraverso la coabitazione, e può essere accompagnato da cerimonie e banchetti. Nel matrimonio longobardo – e più in generale nel matrimonio germanico – coabitazione e consumazione (*copula carnalis*) assumono maggior rilievo rispetto alla tradizione romana. Il matrimonio longobardo, inoltre, introduce un nuovo elemento che avrà, in età medievale, un'incidenza tutt'altro che trascurabile sull'evoluzione dell'istituto matrimoniale: la pubblicità. Un vincolo matrimoniale è tale solo se al momento della *desponsatio* gli accordi venivano presi alla presenza di uno *judex*, in rappresentanza del potere politico. Non erano imposti riti religiosi e solenni per confermare la validità di un matrimonio, ma si aveva concubinato se gli accordi tra le parti non venivano registrati per iscritto alla presenza di un pubblico ufficiale.

Mentre la situazione romana è molto più regolata tra i due padri dello sposo e della sposa, per i germani si tratta piuttosto di un confronto tra il padre della sposa e il marito. Fondamentalmente, sia per i romani che per i germani il matrimonio è un contratto socio-economico senza sostanziali implicazioni religiose.

Il carattere sacro del matrimonio viene introdotto dai cristiani. I cristiani delle origini introducono l'idea ebraica che il matrimonio sia un dovere sacro, una *mizvah.* Tuttavia, la sacralità cristiana non è incentrata sulla unione tra marito e moglie, ma sull'unione per il futuro fra madre e figlio.

Nell'evoluzione storica del matrimonio cristiano, si possono distinguere due grandi periodi: il primo, dalle origini dell'elaborazione dottrinale al Concilio di Trento (1545-1563); il secondo, a partire da questo momento in poi. L'elaborazione dottrinale e giuridica del matrimonio procede molto lentamente fino ai secoli XI e XII. Non essendo il matrimonio, per la Chiesa, un istituto esclusivamente umano, ma anche divino, si rendeva necessaria un'elaborazione a livello teologico ancor prima che giuridico. Fino a che non iniziarono le controversie e i dibattiti sulla natura sacramentale del matrimonio (secoli XI e XII), si può dire che la Chiesa avesse accettato il principio di fondo del diritto romano: il consenso degli sposi, latamente inteso come consenso collettivo. La celebrazione del matrimonio era accompagnata da riti che seguivano le consuetudini del luogo, da cerimonie che variavano a seconda della collocazione geografica e della classe sociale dei nubendi, da atti notarili per siglare alleanze patrimoniali interfamiliari. Questi atti, che non erano di necessità tutti presenti in uno stesso matrimonio, servivano fondamentalmente a garantirne la notorietà.

Se un matrimonio riguardava i nobili, o persone che ricoprivano cariche importanti nella città, la notorietà era assicurata dall'autorità civile attraverso la registrazione di documenti per scopi patrimoniali - doti - o per stabilire determinati diritti giuridici - diritti di successione, eredità di titoli nobiliari e simili -. Nelle campagne, in condizioni più modeste, la pubblicità di un matrimonio era garantita dalla comunità, che aveva l'autorità morale di riconoscere un matrimonio per tale e di far rispettare un codice di comportamento condiviso da tutti, sebbene non formalizzato. Feste, banchetti, rituali mutuati dalla tradizione assicuravano la notorietà; il comportamento degli sposi come coniugi convalidava l'unione agli occhi dell'opinione pubblica. D'altra parte, la Chiesa, fino al secolo X, non contempla alcuna forma rituale nella conclusione dei matrimoni; non prevede parole, gesti, luoghi di celebrazione particolari. Il suo intervento in materia matrimoniale è di natura soprattutto disciplinare: si pronuncia su impedimenti, gradi di consanguineità, adulteri, divorzi.

Due sono i punti al centro del dibattito, in ambito ecclesiastico, a partire dall'XI e, soprattutto, dal XII secolo: la definizione del matrimonio come sacramento e la necessità di stabilire in quale momento della formazione del vincolo scendesse la grazia sacramentale a perfezionare il contratto.

La prima volta che appare la parola *sacramentum* è negli scritti paolini, considerati, insieme alla Genesi e ai Vangeli, testi su cui si fonda la dottrina cristiana. Nella *Lettera agli Efesini* (della fine del I secolo) si paragona l'unione degli sposi a quella di Cristo con la Chiesa: il matrimonio diventa il simbolo terreno di un'unione sacra, divina.

Il teologo e giurista francese Incmaro di Reims, nel IX secolo, di fronte ad una controversia, dichiara scioglibile un matrimonio in quanto non era stato consumato. Secondo Incmaro, solamente la *commixtio carnis* realizza il *sacramentum*, diventando elemento fondante del rapporto. A partire da questo momento, si apre per la Chiesa un lungo periodo di confronti interni per risolvere questo quesito: gli effetti del sacramento – la grazia – si hanno solo attraverso l'accordo di due volontà di vivere come coniugi (*consensus facit nuptias*), oppure attraverso il consenso perfezionato dalla *copula carnalis*?

Il monaco Graziano di Chiusi, nella prima metà del secolo XII, definì la cosiddetta *copulatheoria*, secondo la quale l'unione sessuale era necessaria per perfezionare il matrimonio.[7] Da ciò deriva la possibilità di sciogliere un vincolo a cui non fosse seguita la consumazione (*coniugium initiatum*, o espressione di solo consenso); mentre indissolubile è un consenso seguito da *copula carnalis* (*coniugium ratum*).

Verso la metà del XII secolo divenne vescovo di Parigi Pietro Lombardo, autorevole rappresentante della scuola canonistica francese, di cui si conservano le *Sentenze*. Egli avversò la teoria elaborata da Graziano, e ribadì che unico elemento costitutivo del matrimonio era da ritenersi il consenso, purché espresso esplicitamente. È con Pietro Lombardo che viene adottata una precisa terminologia per distinguere tra *sponsalia* per *verba de futuro* e *sponsalia* per *verba de praesenti*. Nel primo caso si aveva una promessa di matrimonio, una sorta di fidanzamento; nel secondo caso un matrimonio vero e proprio. Verso la fine del secolo XII anche in Italia venne accolta la distinzione elaborata dal teologo della scuola francese. Ciò nonostante, la popolazione continuava ad essere legata alla concezione proposta da Graziano. Di fatto, il rapporto sessuale tra promessi continuò ad essere considerato momento costitutivo del matrimonio, con l'efficacia di trasformare una promessa in consenso *de praesenti*, ed era ritenuto valido sia giuridicamente che moralmente dall'intera comunità. La definizione del matrimonio elaborata da Pietro Lombardo rappresenta, dunque, il modello unico formalmente accettato dai canonisti, anche in Italia, a partire dall'età comunale fino alla revisione tridentina. Da questa dottrina scaturiscono questioni di grande rilievo, che segnano profondamente il rapporto con la giurisprudenza civile.

Vediamo quali conseguenze derivano dall'aver innalzato il matrimonio a sacramento. Appare evidente come tale operazione

---

[7] Graziano, *Decretum*, cit. in J. Gaudemet, op. cit.

implichi la separazione tra sacramento e contratto, ossia tra elementi religiosi ed elementi civili. Ritenere il sacramento l'aspetto prevalente, se non addirittura il solo, da tenere in considerazione rispetto alla validità stessa del matrimonio, comportava affermare il monopolio giurisdizionale della Chiesa in materia matrimoniale. Ciò significava da un lato entrare in conflitto diretto con il potere secolare, per contendersi la competenza dei tribunali sul matrimonio, dall'altro, acquisire potere attraverso il controllo dell'istituto matrimoniale. La creazione dei vincoli di parentela, il riconoscimento di legittimità dei figli, le richieste di separazione, la concessione di dispense fecero assumere un'importanza nuova all'autorità ecclesiastica.

Per contro, l'affermarsi della teoria del consenso nella dottrina medievale, comportava un problema: quello di escludere i genitori degli sposi dagli accordi matrimoniali. Già nel *Decreto* di Graziano si riferiva esplicitamente che la Chiesa non condivideva, e che pertanto non intendeva accogliere ed applicare il principio romano secondo il quale era indispensabile il consenso dei *patres* per concludere un matrimonio. Similmente, Pietro Lombardo affermò che il consenso dei padri non era un elemento necessario per concludere un matrimonio. Se da un lato il libero consenso garantiva agli sposi di svincolarsi dalle imposizioni familiari, dall'altro, un'incontrollata libertà esponeva i giovani ad inganni, abusi, nascite illegittime, di cui ci offrono ampia informazione le testimonianze giudiziarie.

Matrimonio clandestino e matrimonio presunto

Il rischio maggiore rappresentato dal modello matrimoniale consensuale era quello della clandestinità. Per matrimonio clandestino si intende un matrimonio "contratto di nascosto, senza testimoni, tale da non consentire la prova giuridica", quindi privo di alcuna forma di pubblicità.[8]

Le forme di pubblicità utilizzate per dare notorietà all'atto matrimoniale variavano di provincia in provincia ed avevano un carattere laico. Il matrimonio clandestino era ritenuto moralmente riprovevole in quanto trascurava e trasgrediva gli usi consuetudinari di celebrazione che lo rendevano un'unione riconosciuta, degna della comunità. Comportamenti oggettivi e palesi di tipo matrimoniale manifestati dalla coppia in pubblico si presumevano originati da uno scambio di consensi, sebbene implicito: da qui la definizione di matrimonio presunto. Uno degli esempi più frequenti di matrimonio presunto era quello per cui si consideravano sposati due giovani quando agli sponsali seguiva la *copula carnalis.* L'unione sessuale aveva la facoltà, agli occhi della comunità, di convertire i *verba de futuro* in *verba de praesenti.*

Il permanere dell'istituto del matrimonio presunto in Italia fino al Concilio di Trento, in alcuni casi anche in tempi successivi, da alcuni

---

[8] A. Raes, *Matrimonio, in Enciclopedia Cattolica*, città del Vaticano 1949-54, vol.VIII, p. 438. Sull'argomento della notorietà si è incentrato gran parte del dibattito relativo alla celebrazione del matrimonio, al fine di distinguere le unioni dubbie e incerte da quelle collettivamente ritenute matrimonio. Nel presente lavoro si è fatto riferimento ai seguenti testi: F. Brandileone, *Saggi sulla storia della celebrazione del matrimonio in Italia*, Hoepli, Milano 1906; G. Cozzi, *Il dibattito sui matrimoni clandestini*, (dispense del corso di Storia delle Istituzioni politiche e sociali, a.a. 1985/'86 Università di Venezia, dipartimento di Studi storici); A. De Gubernatis, *Storia comparata degli usi nuziali*, Milano 1878; J. Gaudemet, op. cit.; A. C. Jemolo, *Il matrimonio nel diritto canonico*, Milano 1941 (riedito successivamente da Il Mulino, Bologna 1993); Id. *Elementi del diritto ecclesiastico*, Vallecchi, Firenze 1927; P. Rasi, *La conclusione...*, cit.; E. Ruffini, *Il matrimonio cristiano tra fede e legge: linee per una teologia*, in E. Cappellini (a cura di), *Il matrimonio canonico in Italia*, Queriniana, Brescia 1984; G. Salvioli, *La benedizione nuziale fino al Concilio di Trento*, Tip. Fava e Garagnani, Bologna 1894; Id., *Storia del diritto Italiano*, Utet, Torino 1930, pp. 382-401; C. Klapisch-Zuber, *La famiglia e le donne nel Rinascimento a Firenze*, Laterza, Roma-Bari 1988.

studiosi[9] viene spiegato con il sopravvivere della *copulatheoria* elaborata da Graziano, anche dopo l'adozione ufficiale della dottrina di Pietro Lombardo. D'altra parte, c'è da dire che i giudici civilisti riconoscevano come vincolo matrimoniale una convivenza, purché onesta, mentre i canonisti si preoccupavano di stabilire quando avveniva lo scambio dei consensi per *verba*, in quanto era quello il momento in cui scendeva la grazia sacramentale sugli sposi. In realtà, nella pratica della vita quotidiana non era semplice stabilire delle regole. Principalmente perché un matrimonio presunto era difficile da comprovare: la maggior parte delle volte la consumazione rimaneva segreta ed era sufficiente che una delle due parti negasse ogni rapporto per sottrarsi agli obblighi matrimoniali.

La questione della notorietà e pubblicità del matrimonio non si presentava allo stesso modo nelle diverse città della penisola. Già nel IX secolo, la *Lex Romana Utinensis* riconosceva il dualismo, esistente in Italia, nella celebrazione dei matrimoni: coesistevano sia la semplice forma del consenso, sia le nozze ufficializzate dinanzi all'autorità pubblica. Certo è che nei luoghi in cui predominò la pratica romana, si sentì diffusamente sia il problema dei matrimoni clandestini che quello della distinzione tra matrimonio e concubinato.[10]

La questione della notorietà e pubblicità del matrimonio interessava sia la Chiesa che l'autorità secolare, proprio perché la creazione dei vincoli di parentela non riguardava esclusivamente la sfera morale. Il tentativo dello Stato di intervenire nella celebrazione dei matrimoni non è minore dello sforzo ecclesiastico: Ruggero II, re di Sicilia, nel 1140, nelle Assise del Regno, richiese la pubblicità del matrimonio; anche Federico II, nel 1231, nelle *Costituzioni* del

---

[9] Cfr. A. Esmein, *Le mariage en droit canonique*, Parigi 1891.

[10] Ne sono testimoni gli statuti, promulgati in diverse città nel corso di tutto il Medioevo, che richiedevano la presenza di testimoni nel momento dello scambio dei consensi.

Regno di Sicilia, imponeva, in special modo ai nobili, di celebrare le nozze solennemente e pubblicamente, alla presenza di testimoni. Così, nel 1251, prevedevano gli Statuti del Comune di Bologna; similmente, a Piacenza, nel 1336, lo Statuto dichiarava che un matrimonio veniva riconosciuto se contratto "*coram honestis et fide dignis personis, videlicet tam ex parte viri quam mulieris*"; a Milano, nel 1541, nelle *Constitutiones Domini Mediolanensis*, si riferiva di matrimoni contratti "*secundum antiquas et bonas consuetudines*", ma allo stesso tempo venivano citati gli strumenti matrimoniali (la dote) da costituirsi presso il notaio. In nessun caso, però, la presenza di testimoni o l'osservanza di formalità, erano ritenute necessarie alla realizzazione del matrimonio.

Cosa fece la Chiesa per affrontare il problema dei matrimoni clandestini e garantire la notorietà di un matrimonio? È una delle questioni più frequentemente e vivacemente dibattute, soprattutto a partire dal Concilio Laterano del 1215, fino al 1563, data ufficiale di chiusura dei lavori del Concilio di Trento. Il proposito di circondare l'istituzione del matrimonio di cerimonie religiose fu senz'altro presente; tuttavia, le norme variamente prescritte da decretali, sinodi e concilii non venivano rispettate, questa la realtà.

Il papa Alessandro III aveva già sancito, attraverso alcune decretali (1174 – 1176), la necessità di garantire la notorietà di un matrimonio tramite le pubblicazioni. Anche il Concilio Lateranense cercò di fissare alcune formalità da seguire obbligatoriamente, quali lo scambio dei consensi espresso in *facie ecclesiae*, dopo aver resa nota l'intenzione matrimoniale al parroco, la presenza dei testimoni, la benedizione sacerdotale. Più tardi, nel 1339, il Concilio provinciale di Aquileia tentò ugualmente di imporre che i matrimoni venissero contratti in *facie ecclesiae.* Ma queste norme non ebbero sistematica applicazione in Italia e anche quando si ricorreva alla benedizione sacerdotale, comunque, si arrivava dopo la conclusione del matrimonio in forma privata e, frequentemente, dopo la consumazione.

Nei Paesi d'Oltralpe, in Francia ad esempio, l'intervento normativo della Chiesa risultò efficace già a partire dai secoli XI e XII. Le stesse norme del menzionato Concilio Lateranense ebbero applicazione maggiore rispetto all'Italia. Funzioni che in precedenza erano assolte da laici, passarono nelle mani dei sacerdoti: dalla celebrazione del matrimonio in casa o in strada si passò a quella davanti alla porta della chiesa, quindi all'interno della stessa, facendo diventare indispensabile la presenza e la partecipazione del sacerdote al rito. Il matrimonio, da atto privato e laico, si andava trasformando in atto pubblico e religioso.

Le diverse leggi che venivano promulgate erano prevalentemente indirizzate alle classi sociali elevate, residenti nelle città. L'interesse maggiore consisteva nel disciplinare la celebrazione dei matrimoni tra nobili e possidenti, data l'importanza della discendenza nelle questioni patrimoniali.

Nelle campagne, il matrimonio rimaneva maggiormente un atto privato che traeva riconoscimento dalla comunità del villaggio, non dal notaio, non dal sacerdote. In campagna interessavano braccia per lavorare la terra ed è presumibile che, in molti casi, i matrimoni fossero regolati dalla condizione di avere dei figli. È evidente che prima ci dovessero essere la consumazione e il concepimento e, solo in seguito, l'atto di solennizzazione del vincolo. Per i giovani dei villaggi di campagna non era moralmente colpevole avere la *copula carnalis* prima del matrimonio, era riprovevole averla clandestinamente.

La riforma protestante, che segnò la fine dell'unità religiosa del mondo cristiano, comportò una riforma anche in campo matrimoniale: vennero elaborate nuove tesi a sostegno di un diritto canonico protestante.[11] L'aspetto principale che Lutero, nel *De Captivitate Babylonica Ecclesia* del 1520, si apprestava a sconvolgere, era la nozione sacramentale del matrimonio. Egli, infatti, si rifiutava di considerare il matrimonio un sacramento istituito da Dio così come lo intendeva la Chiesa: "mai si legge che abbia ricevuto la Grazia di Dio chi ha preso moglie". Per Lutero, "...il matrimonio è un sacramento introdotto nella Chiesa dagli uomini..." e, di conseguenza, risulta essere una questione esclusivamente civile, anche dal punto di vista giuridico.[12]

Oltre a negare il carattere sacramentale del matrimonio e a mettere in discussione l'esclusiva competenza dei tribunali ecclesiastici in campo matrimoniale, veniva contestato un altro assioma delle dottrinali giuridiche: la teoria strettamente consensualista. Sono i riformatori a porre un particolare accento sul pericolo dei matrimoni clandestini, spingendosi fino al punto di non ritenerli validi e, in più, attribuendo ai genitori la facoltà di irritare[13] un matrimonio da loro non condiviso, o di cui non fossero stati informati. Lutero, considerando il matrimonio in termini di contratto civile, rifiuterà di intendere restrittivamente il principio dell'indissolubilità. Il divorzio, pur essendo biasimato e non favorito, venne però dichiarato lecito ed applicabile in alcune circostanze particolari. La prima, e più frequente, è l'adulterio; seguono l'impotenza, intervenuta nel corso dell'unione matrimoniale, l'inadempienza al dovere coniugale; l'abbandono del tetto coniugale.

Nel complesso, la predicazione di Lutero e dei protestanti contro la presunzione della Chiesa di essere l'unica interprete delle Sacre Scritture, determinò una reazione che non tardò a farsi sentire, a livello non solo religioso e politico, ma anche a livello etico e culturale.

---

[11] Cfr. A. Bellini, *Il matrimonio in Lutero e Calvino*, in AAVV, *Amore e matrimonio nel pensiero filosofico e teologico moderno*, Milano 1976; J. Gaudemet, op. cit.

[12] A. Raes, *Matrimonio*, op. cit., vol. VII, p. 412.

[13] Nella terminologia giuridica, equivale ad invalidare, annullare un atto.

Il Concilio di Trento

Dopo secoli di dibattiti, con il Concilio di Trento[14] si definì la concezione ecclesiastica dell'istituzione matrimoniale, sia dal punto di vista teologico che da quello giuridico e formale. Si definirono insieme le norme morali e giuridiche in base alle quali i cattolici dovevano regolarsi e, ancor più, si manifestò il serio proposito di far applicare la nuova normativa, ponendo fine ai riti tradizionali in uso. Il Concilio di Trento in materia matrimoniale mirò a precisare la dottrina in opposizione alle tesi protestanti, piuttosto che di per se stessa, pervenendo ad un'elaborazione conclusiva che non riuscì ad accontentare tutte le parti coinvolte e che fu oggetto di discussione anche a Concilio concluso.

Le fasi del Concilio

Il Concilio di Trento venne convocato per volere del papa Paolo III (1534-1549), il 13 dicembre 1545. Alla seduta inaugurale presero parte solamente trentasei persone nonostante l'alto numero di vescovadi presenti già a quel tempo in Europa, e nonostante l'invito espresso alle grandi potenze secolari. Il Concilio si aprì sotto il segno di un'alleanza stipulata tra Paolo III e l'imperatore Carlo V, accomunati dal proposito di contrastare l'espansione religiosa e

---

[14] Sul Concilio di Trento vedi P. Sarpi, *Istoria del concilio tridentino*, Firenze, Sansoni 1966; S. Pallavicino, *Istoria del Concilio di Trento*, UTET, Torino 1962. Sul Concilio di Trento vedi anche H. Jedin, *Storia del concilio di Trento*, Brescia 1949; P. Rasi, *L'applicazione delle norme del concilio di Trento in materia matrimoniale*, in "Studi di storia e diritto in onore di Arrigo Solmi", Milano 1941; G. Di Mattia, *Il decreto Tametsi e le sue radici nel concilio di Bologna,* in "Apollinaris", 53, 1980; O. Fumagalli Carulli, *Il matrimonio canonico dopo il concilio. Capacità e consenso*, Milano 1978; G. Moioli, *Matrimonio e verginità nella dottrina del Tridentino*, in *Magistero e morale*, ed. Dehoniane, Bologna 1970; P. Rasi, *La formalità nella celebrazione del matrimonio e il concilio di Trento*, in "Rivista di storia del diritto italiano", 26-27, 1953-1954.

politica dei protestanti. Anche la scelta della città ospite dell'importante convocazione ecclesiastica avvenne in termini di mediazione tra il Papa e l'Imperatore: Trento era città 'italiana' di tradizione cattolica ma, allo stesso tempo, si trovava situata in 'terra tedesca'.

L'andamento del Concilio fu alquanto difficile e irregolare. I lavori si conclusero ben diciotto anni dopo la prima seduta di convocazione, il 4 dicembre 1563, e dopo frequenti e controverse interruzioni che riflettevano la complessità delle vicende politico-religiose di quegli anni.

Ricordiamo in breve le diverse fasi del Concilio tridentino:

Il primo periodo comprende gli anni 1545-1548. Gli sviluppi politici all'interno dell'Impero determinarono la decisione di trasferire l'assemblea ecclesiastica a Bologna, città appartenente allo Stato della Chiesa, per prendere le distanze da Carlo V. È proprio a Bologna che si parlò, tra la primavera e il dicembre del 1547, per la prima volta, di matrimonio. Pur continuando le discussioni per alcuni mesi, il Concilio dovette interrompersi ben presto date le innumerevoli divergenze emerse proprio in materia matrimoniale.

Il Concilio venne riconvocato a Trento appena nel 1551, ad opera del papa Giulio III (1550-1555), e sospeso l'anno successivo a seguito di una crisi politica determinata dall'alleanza della Francia con i protestanti.

La riapertura e la conclusione del Concilio di Trento (18 gennaio 1562 - 4 dicembre 1563) sono opera del pontificato di Pio IV (1559-1565) e dell'abilità diplomatica dell'ultimo presidente del Concilio, il cardinale Giovanni Morone.

I compiti del Concilio

Se nella bolla di convocazione del Concilio di Trento veniva indicato come il primo dei compiti da assolvere, quello di ricomporre l'unità del mondo cristiano, il problema più urgente da affrontare per la Chiesa cattolica fu quello di precisare la propria dottrina in contrapposizione alle tesi protestanti. “A Trento”, scrive Jedin, “si impose un obiettivo...continuare a tracciare la linea dogmatica di confine mediante decreti sul sacrificio della messa, il sacramento dell’Ordine, il matrimonio”.[15] Il Concilio ebbe così il compito di riaffermare il valore dei sacramenti nei confronti dell’eresia protestante, mentre una trattazione più superficiale venne riservata agli altri grandi temi controversi che avevano originato l’intervento riformatore, quali le indulgenze e il culto dei santi e delle immagini.

La seconda difficile questione da risolvere fu quella della riforma della Chiesa, al fine di eliminare la corruzione diffusa al suo interno. Fu nella terza fase del Concilio che venne proposto e discusso uno schema di riforma, parte del quale venne approvato, dopo modifiche e correzioni, nella sessione XXIV dell’11 novembre 1563, subito dopo l’approvazione dei decreti di riforma relativi al matrimonio. Proposito centrale fu quello di concretizzare l’esigenza di rinnovamento dell’azione pastorale ad ogni livello della gerarchia ecclesiastica. La volontà di rendere capillare ed organizzato l’intervento della Chiesa sul territorio rese necessaria un’opera di ristrutturazione degli istituti che presiedevano al reclutamento, alla preparazione e al controllo del clero stesso. I vescovi e i parroci dovevano quindi essere selezionati in base a dei requisiti che li rendessero idonei ad essere “guida e salvezza delle anime”; la figura e l’importanza del vescovo vennero rafforzate; furono istituiti i seminari, intesi come luogo di formazione e di aggiornamento del clero; venne stabilita l’obbligatorietà a tenere ogni tre anni sinodi provinciali e ogni anno sinodi diocesani per garantire insieme controllo della gestione burocratica e amministrativa e divulgazione della dottrina anche nei luoghi più sperduti; le visite pastorali del vescovo vennero fissate a scadenza biennale nella propria diocesi;

[15] H. Jedin, *La conclusione del Concilio di Trento*, Editrice Studium, Roma 1964.

venne imposta la residenza fissa per ciascun prelato, in modo da evitare il cosiddetto "cumulo dei benefici" che si verificava quando una sola persona governava più parrocchie o diocesi. Il problema più grave fu quello di procedere in tempi brevi, ma soprattutto quello di riuscire ad accontentare le varie parti interessate, tutte vigili nell'affermare la propria autorità e i propri interessi: l'Imperatore, i Francesi, gli Spagnoli e la Curia romana.

Tra tutti gli argomenti affrontati nel corso del Concilio tridentino, un posto particolare venne riservato alla discussione sul matrimonio. Fin dalla prima discussione, nel 1547, emersero due punti scabrosi su cui gli intervenuti si divisero in opposti schieramenti: i matrimoni clandestini e il divorzio per adulterio.

Il primo argomento di discussione, i matrimoni clandestini, si pose fin da subito come terreno di scontro tra potere secolare e potere religioso, in quanto si inseriva nell'aspra lotta per garantirsi l'esclusività di giurisdizione in materia matrimoniale. Privare i genitori di qualsivoglia autorità di intervento nelle questioni matrimoniali, e quindi patrimoniali (doti, eredità), dei figli significava indebolire *tout-court* l'autorità laica, inclusa quella dei principi, interpreti degli interessi economici delle ricche famiglie di nobili che, proprio attraverso strategie matrimoniali oculatamente dirette, potevano garantirsi continuità di controllo sui beni posseduti. Parlare dei matrimoni clandestini significava dunque trattare un argomento difficile sotto diversi aspetti: nei confronti dei protestanti e, insieme, nei confronti degli interessi dei principi secolari che presero parte al Concilio.

Il grave problema che andava affrontato era condannare la posizione luterana senza che ciò risultasse un'implicita approvazione dei matrimoni clandestini. La questione interessava in primo luogo il campo teologico. Affermare che il matrimonio è un sacramento che si realizza con il solo reciproco consenso, e che riguarda la sfera divina e non solo quella umana, rende impossibile anche solo ipotizzare che l'intervento umano possa invalidare un'unione sancita da Dio. Il problema era aperto: i matrimoni clandestini erano comunque da ritenersi rati e validi, bisognava trovare il modo per modificare i costumi attraverso la deprecazione, la denuncia e la condanna di tale prassi, e attraverso l'introduzione di norme più precise che regolassero i matrimoni a venire.

Anche per quanto riguarda la discussione sul divorzio in caso di adulterio emersero divergenze tra i vari prelati, tuttavia ben presto si affermò prevalente il principio dell'indissolubilità. Nella congregazione del 18 ottobre il Concilio passò a considerare gli abusi più frequenti in relazione ai matrimoni e i rimedi da adottare a seconda del caso.[16]

Nel gennaio 1548 il Papa decise di sospendere il Concilio; sempre più tesa si andava facendo la situazione politica in Europa: nel '47 in Francia era morto Francesco I, l'acerrimo nemico di Carlo V; lo stesso premeva su papa Paolo III perché trasferisse nuovamente il Concilio a Trento, mentre imponeva ai protestanti l'*Interim*, o convenzione tra le due parti, in attesa delle decisioni che il Concilio stesso avrebbe preso nei confronti dei riformatori.

Il dibattito sul matrimonio nell'ultima fase del Concilio

Si riparlò a lungo ed approfonditamente di matrimonio nel febbraio del 1563. Il compito di discutere sui punti enucleati muovendo dalle tesi protestanti venne affidato a quindici teologi che si riunirono in congregazione dal 9 febbraio al 22 marzo dello stesso anno. Gli articoli riguardavano i seguenti temi da affrontare e da definire:

- la sacramentalità del matrimonio;
- i matrimoni clandestini;

---

[16] Per portare un esempio, proprio in merito all'adulterio, si proponeva il carcere sia per l'adultera, che per il marito che avesse mantenuto una concubina a fianco della moglie legittima.

- il ripudio della moglie adultera e la conseguente possibilità di contrarre nuove nozze;
- la poligamia;
- la superiorità della castità rispetto allo stato matrimoniale;
- il celibato ecclesiastico;
- gli impedimenti relativi ai gradi di consanguineità;
- la nullità dei matrimoni per impotenza;
- la giurisdizione ecclesiastica sui processi matrimoniali.

Il 20 luglio 1563 vennero distribuiti a tutti i prelati gli 11 canoni *de sacramento matrimonii* che proponevano la risposta ortodossa alle confutazioni protestanti, tentando insieme un riordino ed un accordo definitivi in tema matrimoniale tra le diverse componenti e i diversi interessi presenti all'interno dello stesso mondo cattolico.[17] Le divergenze non riguardavano tanto l'aspetto teologico in sé, ma piuttosto riflettevano i diversi modi di intendere una norma ecclesiologica come strumento di controllo e di potere all'interno della società. Partendo dalle relazioni familiari si trattava di affermare l'influenza e l'autorità nel tessuto sociale di elementi simbolici appartenenti alla sfera religiosa e spirituale.

Con i canoni *de sacramento matrimonii* venne affermato il carattere sacramentale del matrimonio, sostenute l'unità e l'indissolubilità, negato il divorzio per adulterio, riconosciuta la superiorità della castità sul matrimonio e confermato il celibato dei sacerdoti, così come venne affermata con vigore la competenza esclusiva dei tribunali ecclesiastici sulle cause matrimoniali. Invece ben più lunga, difficile e scabrosa risultò, ancora una volta, la discussione sui matrimoni clandestini, fin dalla prima congregazione generale della fase estiva del Concilio, tenutasi il 24 luglio 1563. Il

---

[17] Si è già detto come, nel corso dello svolgimento delle varie fasi del Concilio, gli interessi dei principi secolari si muovessero talvolta in direzione opposta a quelli della Santa Sede, come vi fosse una tensione per affermare l'autorità del Papa o quella dei principi d'oltralpe, attraverso i loro legati al Concilio.

dibattito sui matrimoni clandestini non solo durò l'intera estate, ma si protrasse ancora nell'autunno, per concludersi l'11 novembre dello stesso anno, nel corso della penultima sessione del Concilio, la XXIV.[18]

Appare interessante soffermarsi sugli "schieramenti" che si formarono nel prendere posizione sul problema dei matrimoni clandestini. Da un lato, ci furono francesi e spagnoli d'accordo nel considerarli nulli ed infirmarli, dall'altro i prelati italiani affermavano la loro validità secondo una tradizione che aveva inteso, da sempre, il matrimonio come libero scambio di consensi tra gli sposi, senza cerimonie formali e indipendente dall'approvazione dei genitori. Tuttavia, anche tra i prelati italiani vi furono coloro che sostennero la tesi della nullità, adducendo a sostegno il fatto che i matrimoni clandestini avevano seminato liti e odio tra le famiglie della nobiltà.[19] In ogni caso, a Trento, diversamente da quanto era accaduto a Bologna sedici anni prima, maggioritaria risultò l'opinione di coloro che volevano invalidare i matrimoni clandestini, con la manifesta volontà di trasformare il matrimonio in un'istituzione rigidamente regolata dall'obbligo di seguire certe forme. Tre furono le linee che emersero nel corso del dibattito e che influenzarono significativamente la discussione. Vediamo gli aspetti più rilevanti di ogni singola posizione.

- Il cardinale di Lorena, il più autorevole rappresentante della linea francese, espose le ragioni per cui tali matrimoni dovevano essere ritenuti nulli. Tra i diversi motivi presentati, prioritaria risultava la

---

[18] *Concilium Tridentinum, Tomus nonus. Concilii Tridentini Actorum pars sexta, sessio octava* (XXIV), 11 *novembris* 1563, Friburg-Brisgoviae, 1923, pp. 966-971.

[19] G. Cozzi, *Il dibattito sui matrimoni clandestini*, p. 140, dispense del corso di Storia delle Istituzioni politiche e sociali, a.a. 1985/'86, Università di Venezia, dipartimento di Studi Storici.

preoccupazione che i matrimoni clandestini, in quanto contratti senza preventivi accordi tra le famiglie e in assenza di testimoni, creassero troppi disordini sociali. Venivano naturalmente considerati in special modo i contesti sociali più elevati, là dove maggiori erano gli interessi patrimoniali da tutelare, nonché le alleanze politiche che rischiavano di venir compromesse da liti familiari originate da matrimoni disapprovati, oppure rispetto ai quali non si poteva concordare la dote, data la loro indefinibilità.

- Si contrapponeva alla linea enunciata dai francesi la posizione assunta dall'arcivescovo di Rossano, Giovanbattista Castagna. Questi, pur riconoscendo i gravi problemi causati dai matrimoni clandestini e pur riprovandoli apertamente, presentava tre punti a sfavore dell'*irritatio* (annullamento). Come prima riflessione, l'arcivescovo poneva in evidenza la pericolosa contraddizione intrinseca al fatto di dichiarare irrito un matrimonio contratto senza forma quando, fino ad allora, il matrimonio diventava sacramento in seguito al semplice consenso tra nubendi: poteva la Chiesa irritare un sacramento? In secondo luogo, Castagna si chiedeva se, quand'anche la Chiesa avesse potuto modificare in parte il dogma, in un momento come quello in cui i protestanti stavano distruggendo i sacramenti, fosse conveniente sostenere la medesima risoluzione. Infine, sostenne il precetto paolino "*meglio sposarsi che bruciare di desiderio*", poiché, ponendo ostacoli formali al matrimonio, si rischiava di offuscare una delle ragioni della sua stessa esistenza, ossia il rimedio della concupiscenza.

- Interessante per la sua volontà mediatoria fu la proposta del Patriarca di Aquileia, Daniele Barbaro. Rilevando la difficoltà nel trovare un accordo tra le due posizioni emerse, egli propose un compromesso, a cui erano sottesi degli effetti in direzione dell'*irritatio* per i matrimoni a venire: suggerì di non irritare esplicitamente i matrimoni – riconoscendo i matrimoni clandestini avvenuti nel periodo anteriore al tridentino, e accontentando così il Castagna – bensì di irritare le persone che intendevano contrarre un matrimonio clandestino, rendendole inabili a sposarsi successivamente in modo formale.

La linea che prevalse fu proprio quella del Barbaro. Il 31 luglio venne presentato per la prima volta un decreto sui matrimoni clandestini, il *Tametsi*, così conosciuto dalla parola d'inizio del testo, che recitava: "Quantunque i matrimoni segreti, come quelli contratti senza il consenso dei genitori, siano validi, il Concilio decide che d'ora innanzi tutte le persone che cercano di contrarre matrimonio o di scambiare promessa di matrimonio senza la presenza di almeno tre testimoni, non ne hanno la capacità e i loro atti non sono validi". Al decreto seguivano dodici canoni di riforma. Diverse furono le stesure e le relative modificazioni del *Tametsi*, prima della sua definitiva elaborazione, ma gli argomenti principali di cui si trattò ampiamente riguardarono il consenso o meno dei genitori come elemento indispensabile per contrarre un matrimonio, la pubblicità attraverso le pubblicazioni, la disposizione di una forma liturgica solenne da seguire per poter risultare legittimamente sposati.

11 novembre 1563: la sessione XXIV

Le contrapposizioni e le incertezze caratterizzarono il dibattito delle congregazioni estive; il 13 ottobre venne presentata la quarta redazione del decreto *Tametsi*, che venne discussa in sede di plenum del Concilio il 26 e il 27 dello stesso mese. Indice della difficoltà a trovare un accordo tra le diverse correnti furono le frequenti modifiche apportate alla prefazione ai canoni. Il 10 di novembre, la prefazione elaborata venne sottoposta al voto dei padri conciliari, senza ulteriori ritocchi. Gli aspetti su cui si incentrò l'attenzione furono il carattere sacramentale del matrimonio e la sua indissolubilità: muovendo dalle Sacre Scritture, si affermava esser il matrimonio perpetuo e indissolubile, come Adamo stesso diceva nella Sacre Scritture: "*Quod ergo Deus coniunxit, homo non separet"*.[20] Ancora nella prefazione si legge: "La grazia sacramentale perfeziona l'amore naturale, rinsalda l'unità indissolubile del matrimonio e santifica gli sposi. I santi Padri, i concilii e la tradizione della chiesa hanno sempre insegnato che il matrimonio del Nuovo Testamento è un sacramento. Molti uomini empi del nostro tempo hanno detto apertamente, a voce e in iscritto, cose estranee all'insegnamento della chiesa cattolica e al costume vigente fin dai tempi apostolici. I seguenti canoni sono diretti contro i loro errori ed eresie".[21]

Se i prelati ritennero indiscutibile affermare che il matrimonio è un sacramento unico e indissolubile, il contrasto permaneva ancora sulla questione dei matrimoni clandestini. Alla votazione finale della sessione XXIV, il giorno 11 novembre 1563, cinquantacinque dei duecentosei prelati presenti respinsero il decreto *Tametsi* sui matrimoni clandestini. Cinquantacinque padri erano perciò contrari al fatto di disciplinare restrittivamente i matrimoni, subordinando cioè i riti consuetudinari ad una celebrazione formale ed istituzionalizzata.

Vediamo dunque più dettagliatamente la stesura definitiva dei canoni sul matrimonio, a cui pervennero i padri conciliari dopo un dibattito tanto lungo e controverso. L'intervento sull'istituto matrimoniale si strutturava in due parti. La prima era costituita dalla prefazione, di cui si è detto precedentemente, seguita da dodici *canones* sul sacramento del matrimonio, formulati in termini di anatemi contro chi avesse negato la verità indiscutibile dei dodici principi fondamentali elaborati dalla Chiesa nel corso del Concilio. Nel primo canone si affermava l'indole sacramentale del matrimonio; nel secondo si proibiva la poligamia; nel terzo si stabiliva che la Chiesa aveva il diritto di fissare i gradi di consanguineità entro cui era possibile contrarre matrimonio, e che

---

[20] *Concilium Tridentinum*, cit., p. 966.
[21] H. Jedin, op. cit., p. 226.

aveva inoltre diritto a rilasciare dispense qualora lo avesse ritenuto possibile; nel quarto si riconosceva alla Chiesa il diritto di statuire impedimenti; nel quinto si respingeva la possibilità di sciogliere un matrimonio "per eresia, per molesta conversazione, o volontaria absenza dell'altro";[22] nel sesto si contemplava la possibilità di sciogliere un matrimonio non consumato per prendere i voti; nel settimo si respingeva il divorzio per adulterio; nell'ottavo si prescriveva la separazione dei fidanzati e la dissuasione dall'intrattenersi carnalmente o dal coabitare prima della celebrazione del matrimonio in modo formale; nel nono si confermava l'obbligo del celibato ecclesiastico; nel decimo si anteponeva la verginità allo stato coniugale; l'undicesimo proibiva di contrarre matrimonio in determinati periodi dell'anno; il dodicesimo affermava la giurisdizione dei tribunali ecclesiastici sulle cause matrimoniali. Ai dodici canoni sul sacramento seguirono dieci *canones super reformatione circa matrimonium*. Il *caput primum*, cioè quello che è conosciuto come il decreto *Tametsi*, relativo alla riforma vera e propria dell'istituzione matrimoniale, è quello che segnò il passaggio ad un diverso modo di celebrare il matrimonio rispetto alla realtà preesistente. Nel decreto, per prima cosa, si affermava che i matrimoni clandestini fossero da considerarsi veri e legittimi e che la Chiesa condannava coloro che sostenevano la possibilità di infirmare un matrimonio da parte dei genitori che non lo avessero approvato. In secondo luogo, la riforma prevedeva l'obbligo delle pubblicazioni durante la messa per tre domeniche consecutive; se in quel tempo nessuno avesse dichiarato l'esistenza di qualche impedimento, si sarebbe potuto procedere alla celebrazione del matrimonio in Chiesa, dove il parroco, dopo aver accolto il consenso degli sposi, li avrebbe uniti in matrimonio pronunciando la formula di rito. Il *Tametsi* dichiarò inabili a

---

[22] P. Sarpi, *Istoria del Concilio tridentino*, Sansoni, Firenze 1966, p. 1001.

contrarre matrimonio coloro che avessero tentato di sposarsi senza la presenza di due o tre testimoni e in assenza del parroco della chiesa di appartenenza degli sposi ed inoltre stabilì, sempre nel *caput primum,* che i coniugi non potessero coabitare né tanto meno unirsi carnalmente prima della celebrazione in chiesa e della benedizione sacerdotale. Si disponeva infine che i matrimoni venissero registrati in un apposito libro parrocchiale, in modo tale da garantirne la notorietà e la validità formale.

Da quanto detto finora, emergono due caratteri fondamentali che fanno del sacramento del matrimonio una vera e propria istituzione civile: in primo luogo la pubblicità - attraverso le pubblicazioni - e, in secondo luogo, la registrazione scritta del matrimonio che ratificava e, al tempo stesso, controllava l'atto. Lontane, nell'intenzione della Chiesa, erano le modalità appartenenti ai costumi locali e alla tradizione: il matrimonio, ricordiamo, avveniva per lo più in casa, alla presenza di parenti e amici, per *verba de praesenti*; i due contraenti testimoniavano reciprocamente la volontà di prendersi per marito e moglie e, dopo aver mangiato e brindato insieme agli invitati, si ritiravano nella camera da letto. L'unione carnale, seguita alla promessa di matrimonio era il suggello del matrimonio avvenuto e dava automaticamente luogo alla convivenza. Il decreto *Tametsi,* con il fine di regolare i matrimoni clandestini, trasformava invece complessivamente la prassi matrimoniale, disciplinandola; il matrimonio, "da contratto semplice, non necessitante formule per la sua stipulazione, diventava contratto solenne, rendendo impossibile la perfezione del matrimonio esclusivamente mediante la copula".[23] Un ulteriore elemento da sottolineare, importante per comprendere come la Chiesa effettivamente incidesse nella cultura, è il problema della diffusione delle nuove norme. Non era una questione trascurabile e infatti il decreto stesso la prese in considerazione. L'intervento doveva essere

---

[23] A. Raes, *Matrimonio*, cit, p. 440.

capillare e, pertanto, il compito venne affidato ai curati delle singole parrocchie: si prescrisse loro di pubblicare il decreto e di spiegarlo direttamente al popolo.[24] Il decreto *Tametsi* stabiliva che la riforma del matrimonio dovesse entrare in vigore "in ogni parrocchia trenta giorni dopo la sua pubblicazione nella parrocchia stessa".[25]

In realtà la pubblicazione del testo seguì tempi e modi diversi da luogo a luogo, condizionando la diffusione della nuova normativa e evidenziando, ancora una volta e nonostante gli sforzi, una realtà europea non uniforme.

La divulgazione

Il 4 dicembre 1563 si chiuse il Concilio di Trento. Benché fosse ferma intenzione dei Padri conciliari far applicare la riforma entro un breve termine, i decreti tridentini approvati l'anno successivo dal Papa Pio IV rimasero in realtà a lungo lettera morta. In questo contesto si inserisce l'opera del cardinale arcivescovo di Milano Carlo Borromeo, il quale fu uno degli esponenti più attivi della Controriforma: rese operative le idee espresse dal Concilio di Trento nel duplice intento di contrastare i protestanti d'Oltralpe e di provvedere alla moralizzazione dei costumi sia del clero che dei fedeli. Uno degli strumenti di diffusione dei decreti tridentini fu la redazione dei catechismi, il cui scopo prevalente era quello di educare i cristiani alla nuova disciplina tridentina, con particolare accento posto sui doveri degli sposi e sul loro comportamento. Uno dei catechismi più famosi, cui molti si ispirarono, fu il *Catechismo del Concilio di Trento o Catechismo romano* redatto ad istanza di Carlo Borromeo e riconosciuto da Papa Pio V nel 1566. Fu ancora Carlo Borromeo a promuovere la realizzazione dell'importante opera di educazione scritta da Silvio Antoniano (1540-1603). Il trattato

[24] P. Sarpi, op. cit., p. 1004.

[25] J. Gaudemet, *Il matrimonio in Occidente*, cit., p. 222.

Dell'educazione cristiana e politica dei figlioli uscì nel 1584 e il suo valore storico, nonché l'importante ricaduta che ebbe sul costume italiano, sono testimoniati dal fatto che fu letto e ristampato per tre secoli.[26]

Silvio Antoniano: Dell'educazione cristiana e politica dei figlioli

Prendiamo in considerazione il trattato per cogliere su quali aspetti insistette la Chiesa nel suo proposito di trasformazione e, insieme, per identificare i destinatari di questa operazione. I capitoli dedicati al matrimonio sono diciannove, dal capo XII al capo XXX. Hanno lo scopo di divulgare le nuove disposizioni tridentine, di persuadere i buoni cristiani a non contrarre matrimoni secondo altri costumi, di dimostrare l'inopinabilità delle ragioni che portano a concludere un matrimonio secondo il rispetto delle regole, di precisare, infine, le funzioni e i ruoli che, rispettivamente, uomo e donna devono avere all'interno della famiglia.

Il matrimonio, dice l'Antoniano, è stato "istituito da Dio, come ufficio di natura, per la propagazione del genere umano" e come rimedio alla "corruzione disordinata della concupiscenza".[27] La donna si sposa sostanzialmente per divenire madre e i figli nati da un legittimo e santo matrimonio cristiano sono un bene elevato per l'intera società dei fedeli. È scritto nel capo XVI: "Nella legge nuova poi, il matrimonio è innalzato a tanta dignità, che è principalmente istituito per generare e moltiplicare il genere eletto, la gente santa, il popolo di Dio...". I figli, in altre parole, non si generano tanto per se stessi, ma per la Chiesa; la donna viene in certo modo espropriata della maternità, in quanto i figli sono figli di Dio. Per mezzo del

---

[26] S. Antoniano, *Dell'educatione christiana e politica de i figlioli*, I, XIV, in L. Volpicelli (a cura di), *Il pensiero pedagogico della Controriforma*, Sansoni, Firenze 1960.

[27] Ivi, capi XIV-XV.

matrimonio, leggiamo al capo XII, si accresce la "milizia cristiana" alla professione della fede e, allo stesso tempo, si propone il rimedio contro "le battaglie della carne". In tal modo, il matrimonio santo, benché inferiore allo stato di castità, eleva gli uomini dallo stato bestiale di dannazione cui la fornicazione e il desiderio di concupiscenza li aveva condannati. Insieme a queste ragioni, considerate principali, ve ne sono altre più terrene, che rendono il matrimonio legittimo un'istituzione fondante: ancora nel capo XXII si indicano come importanti il bisogno della compagnia e del reciproco aiuto, e poi "il desiderio di lasciare eredi, e successori per mantenere le famiglie, il conservare le facoltà, gli stati, e gli onori antichi delle case; e quello che tanto meglio, per il bene comune, che deve anteporsi al privato, e per il desiderio di conservare la patria e la repubblica, e per altre simili ragioni". Anche aspetti meno spirituali concorrono pertanto a rendere il matrimonio un'istituzione di primaria importanza.

Oltre ai temi sopra considerati, di particolare rilievo è la definizione dei ruoli maschile e femminile nell'ambito del rapporto privato e, per estensione, di quello sociale. I modelli proposti vengono desunti, per similitudine, dall'apparato letterario e iconografico cristiano

> "...l'uomo è assomigliato a Cristo, e la donna alla Chiesa: e come Gesù Cristo è il capo della Chiesa, così l'uomo è il capo della donna; la Chiesa è corpo e carne di Cristo; e la donna è carne e corpo del marito; e di Cristo; e della Chiesa".[28]

L'unione tra marito e moglie viene assimilata all'unione di Cristo con la Chiesa, le nozze terrene vengono paragonate a quelle celesti e citazioni di S. Paolo, che in diverse epistole si pronunciò in merito all'unione matrimoniale, vengono proposte nel medesimo capitolo XIX, a sottolineare e sostenere con precetti ed esortazioni i modelli di comportamento degli uomini e delle donne:

---

[28] Ivi, capo XIX.

"I mariti devono amare le mogli loro come corpi suoi proprij; chi ama la moglie sua ama se stesso, niuno giammai ebbe in odio la carne sua, ma anzi la nutrisce e la fomenta come fa Cristo verso la Chiesa...".

Le donne, invece,

"...siano soggette ai mariti loro, come al Signore, imperocché l'uomo è marito e capo della donna, moglie sua; siccome Cristo è capo della Chiesa (...) come la Chiesa è soggetta a Cristo, così le mogli lo siano ai loro mariti;...ciascuno ami la moglie sua, come se stesso; e la moglie, tema, e riverisca il suo marito".

Il rapporto tra marito e moglie rappresenta così il rapporto di Cristo con la Chiesa; caricandosi di significati elevati, il matrimonio deve diventare luogo in cui si osservano determinate regole di comportamento: la riverenza della moglie verso il marito, la fedeltà reciproca per garantire la custodia del letto maritale e la nascita di figli legittimi e santi, in quanto il desiderio di avere dei figlioli è principalmente diretto ad ottenerli "per la gloria di Dio". In quest'ottica, anche gli amplessi matrimoniali dovranno essere "pudichi e verecondi".[29]

È però il capo XXVII, "Della celebrazione del matrimonio in faccia alla Chiesa, e delle cristiane preparazioni", quello che esprime la funzione normativa del trattato. Vi vengono presentate e spiegate le disposizioni del *Tametsi* tridentino, quasi a tirare le fila, a dare un ordine chiaro e necessario a tutti i punti ed agli aspetti precedentemente considerati: in tal modo ogni dubbio sulla necessità di osservare le regole prescritte viene fugato, innalzando lo stato matrimoniale a stato santo e legittimo ed attribuendo al contempo un'importanza mai avuta prima alla figura del sacerdote. Importanza che viene peraltro esplicitata in un altro punto del trattato, precisamente in chiusura al capo XXI, dove viene detto che bisogna bene ponderare la scelta di prendere moglie

---

[29] Ivi, capo XX.

"con orazione, con tempo, con consiglio, e con obbedienza; specialmente al padre spirituale, custode e governatore dell'anima nostra, pel cui mezzo, presentandoci noi in verità, in fede, ed umiltà, ci manifesterà Iddio la sua santa volontà, e ci mostrerà quello che più ci sia spediente per la nostra eterna salute".

Anche l'ultimo argomento che stava tanto a cuore alla Chiesa è stato toccato: dopo aver indicato a uomini e donne i loro rispettivi ruoli, le ragioni e i modi di contrarre i matrimoni, di aver posto il controllo sulla procreazione e sull'educazione, si sposta l'importanza e la funzione di consigliere, tutore, controllore dell'onore privato degli sposi – e in primo luogo della sposa – dalla famiglia e dalla comunità, come avveniva prima del Concilio di Trento, al sacerdote, investito in tal modo di una nuova autorità nel campo delle relazioni familiari.

Il matrimonio tridentino in Friuli

Benché la Chiesa, con le nuove disposizioni, avesse stabilito quale fosse l'unico modo consentito per contrarre i matrimoni, e nonostante le opere di divulgazione promosse, i fedeli continuarono per molto tempo ancora ad intendere il matrimonio nella sua antica forma. Tanto più difficile risultava modificare usi e costumi tradizionali quanto più ci si allontanava dai grandi centri abitati e quanto più la condizione sociale delle persone coinvolte non implicava accordi di tipo patrimoniale.

Per vedere come l'intervento normativo influì nella realtà della vita quotidiana e, ancor più, come si sviluppò nel corso del secolo successivo alla sua definizione, abbiamo individuato un'area di analisi: il Friuli, nella prima metà del Seicento.[30] Il fondo archivistico

[30] Sulla storia del Friuli nel periodo preso in esame cfr. P. S. Leicht, *Breve storia del Friuli*, libreria editrice "Aquileia", Udine 1975; P. Paschini, *Storia del Friuli*, Udine 1975; Id., *Eresia e riforma cattolica al confine orientale d'Italia*, Roma 1951; E. Degani, *La diocesi di Concordia. Notizie e documenti*, Paideia, Brescia 1977; A. Del

su cui si basa lo studio è contenuto nell'Archivio Arcivescovile di Udine e riguarda specificamente la materia matrimoniale.[31]

Anche in Friuli la Chiesa da secoli aspirava a controllare la celebrazione del matrimonio. Un capitolo del Concilio provinciale del 1335 vietava di contrarre matrimoni senza aver fatto le pubblicazioni in chiesa; tre anni più tardi, un Concilio comandava che i matrimoni venissero celebrati in *facie Ecclesiae*, senza dichiarare nulli quelli contratti in assenza del sacerdote. Nel 1448 un altro Concilio ordinava che la benedizione fosse data in chiesa, ma anche questa volta contemplava ed ammetteva il matrimonio contratto senza alcuna solennità.

Come altrove, anche nel Patriarcato di Aquileia dopo il Concilio di Trento si pose il problema di come rendere operative le nuove disposizioni: ancora nel 1595 il sinodo aquileiese prescriveva, ribadendolo, che il decreto tridentino *De reformatione matrimonii* fosse pubblicato e spiegato al popolo dei fedeli durante la messa, ogni prima domenica del mese, in tutte le chiese, e che fosse tradotto in italiano, slavo, tedesco e nei dialetti affinché tutti lo capissero.[32] Ciò nonostante, la Chiesa continuò a scontrarsi con il persistere dell'antico e diffuso costume, per cui una relazione sessuale nota alla

---

Col, *L'abiura trasformata in propaganda ereticale nel Duomo di Udine (15 aprile 1544*), in "Metodi e ricerche. Rivista di studi regionali", Anno II, n. 2-3, maggio-dicembre 1981; Id., *La storia religiosa del Friuli nel Cinquecento. Orientamenti e fonti, parte prima,* in "Metodi e ricerche. Rivista di studi regionali", Nuova serie, Anno II, n. 2, luglio-dicembre 1983.

[31] Il fondo *Matrimonialia* si trova nell'Archivio Arcivescovile di Udine (A.C.A.U., Cause matrimoniali) e concerne l'attività del tribunale ecclesiastico del Patriarcato di Aquileia. Il fondo comprende un totale di 119 processi, dal 1494 al 1649, suddivisi in quattro pacchi. Per argomento, 71 sono di mancata promessa matrimoniale, 25 di separazione, 5 di matrimoni contratti con la forza, 3 contro sacerdoti, 2 di nullità di matrimonio, 13 di cui si ignora l'argomento dato il cattivo stato di conservazione.

[32] A. Sachs, *Le nozze in Friuli nei secoli XVI e XVII*, in "Memorie storiche forogiuliesi", anno XI-XIV, 1915-1918, p. 107 e segg.

comunità, unita ad una convivenza prolungata, bastava a rendere legittima un'unione.

Dall'analisi delle testimonianze e delle storie che costituiscono la nostra fonte emerge complessivamente una costante tensione fra comportamenti tradizionali e usi presenti: si configura un panorama ricco di contraddizioni e il progressivo affermarsi della nuova morale sessuale tridentina risulta lento e faticoso. I documenti forniscono dati che testimoniano come il secolo diciassettesimo rappresenti un lungo periodo di transizione in cui convissero aspetti appartenenti alla tradizione insieme ad altri peculiari della nuova legislazione. Emblematico è che vi siano processi della metà del Seicento che presentano ancora caratteristiche ed affinità con quelli dell'inizio del secolo. Ciò avviene proprio in quanto la riforma matrimoniale non si limitò a riordinare un sistema vecchio o mal funzionante, ma rappresentò un intervento modificatore della morale collettiva vigente;[33] un cambiamento quindi profondo dei costumi che richiese lungo tempo per realizzarsi completamente. Il processo in atto nel XVII secolo segnò il passaggio da un tipo di morale collettiva e consuetudinaria ad un tipo di morale codificata e rigida, non più discussa, bensì individualmente interiorizzata, che investì fortemente la sfera sessuale.[34] La documentazione rivela che, complessivamente, le persone coinvolte nelle cause matrimoniali esaminate, da un lato erano a conoscenza del fatto che la promessa seguita da copula non era più un matrimonio *de facto*, dall'altro, consideravano ancora moralmente lecito il rapporto sessuale avvenuto sotto fede di matrimonio. Permaneva l'importanza della promessa e, insieme, si

---

[33] Riferirsi alla "morale collettiva" o ai "comportamenti collettivi", significa anche tenere specificamente in considerazione l'ambito sociale di appartenenza dei protagonisti delle vicende processuali di cui si tratta: nelle comunità di villaggio come Udine la base sociale è costituita prevalentemente da contadini e artigiani che vivono del loro lavoro. Numerosi sono i servitori, mentre si sono rilevati solamente due casi che coinvolgevano giovani appartenenti alla nobiltà locale.

[34] J. Bossy, *L'Occidente cristiano (1400-1700)*, tr. it. Einaudi, Torino 1990.

manifestavano i primi segni di un mutamento: sostanzialmente stava maturando un nuovo atteggiamento nei confronti della copula carnale e il fulcro dell'intervento della Chiesa divenne proprio il rapporto prematrimoniale.[35]

La spinta all'introduzione della nuova normativa nella comunità parte, secondo le prescrizioni del Concilio, dal clero locale.[36] I curati dei paesi friulani, che fino all'introduzione delle prescrizioni tridentine, avevano condiviso gli usi e i costumi del popolo, assunsero progressivamente un nuovo ruolo nell'ambito delle relazioni sociali. Fino ad allora, la presenza del sacerdote ad un matrimonio, specie negli ambienti contadini, aveva soprattutto la funzione di sottolineare la serietà dell'impegno. Successivamente, ai curati fu sempre più chiaro che essere presenti allo scambio di una promessa significava contravvenire alle disposizioni conciliari in materia matrimoniale.

Nella sua deposizione ad un processo per mancata promessa,[37] nel 1605, così si difende un pievano di Udine davanti al giudice ecclesiastico:

> "il padre di Iosepho mi ricercò che io dovessi andar in casa sua ad esser presente al matrimonio che suo figliolo Iosepho voleva contrahere con donna Betta producente et io li risposi sempre che io in alcun modo non poteva intravenir a simili promesse, et perciò non voleva andar là [...] io stei sempre renitente et li dissi che io haverei ben tiolta la parola, et da uno et dall'altro di

---

[35] L'argomento è ampiamente trattato in L. Accati, *Il mostro e la bella. Padre e madre nell'educazione cattolica dei sentimenti*, Raffaello Cortina, Milano 1998.

[36] Sulla situazione del Patriarcato cfr. A. Battistella, *La prima visita apostolica nel Patriarcato di Aquileia dopo il Concilio di Trento*, Cividale 1909; Id., *Il Sant'Officio e la riforma religiosa in Friuli*, Udine 1895; G. Marcuzzi, *Sinodi aquileiesi. Ricerche e ricordi con appendice di documenti inediti o rari*, Udine 1910.

[37] Con processo "per mancata promessa" o "per seduzione" si intendono quei procedimenti con cui una ragazza sedotta dietro promessa di matrimonio e successivamente abbandonata da un uomo lo denuncia per ottenere un risarcimento o per essere sposata.

loro separatamente, cioè la licenza di far le pubblicationi in chiesa, ma che non volevo esser presente alla loro promessa [...]".[38]

Raccolta dai due giovani la licenza di far le pubblicazioni, il curato parla alla giovane:

> "io le protestai che dovesse star nei suoi termini, et non haver comercio carnale con detto Iosepho fin che non si venisse alla benedicione ed effettuatione del matrimonio *iuxta*."[39]

Il sacerdote è quindi intervenuto direttamente per regolare i comportamenti privati dei futuri sposi. Non si limita a consigliare, bensì ordina che venga mantenuta una condotta morale in linea con quanto prescrive la Chiesa, esplicitando che l'unione carnale, se avviene prima della celebrazione secondo le nuove norme, è immorale e illecita.

Se ci spostiamo più avanti nel tempo, vediamo le conseguenze del nuovo atteggiamento. Nel 1632, il reverendo Iosepho Lazarino, chiamato a deporre, racconta di essere stato chiamato un giorno da Natalia, la quale lo supplicò di fare in modo che Dominico la sposasse, dal momento che "l'aveva goduta". Spiega il curato:

> "io per sodisfare al debito di carità che mi conosco obbligato per esser curato in quella pieve, feci chiamare il Dominico et, fattali una fraterna corretione, lo pregai che volesse pigliar Natalia in moglie."[40]

Il reverendo rappresenta un punto di riferimento importante, come mai lo era stato in passato, è un mediatore, una persona che ha l'autorità di intervenire in favore della donna ingannata. Il sacerdote diventa una figura autorevole, alternativa a quella paterna, a cui

---

[38] ACAU, Cause matrimoniali, *Processus, domina Helisabette filia quondam Iacobi Sanctini de Portogruario cum Ioannis Iosephi Azzino de Utine*, 1605.

[39] Si intende *iuxta forma sacri concilii tridentini*, cioè secondo le prescrizioni del Concilio di Trento.

[40] ACAU, Cause matrimoniali, *Processus, Natalia filia quondam Fabiani de Briscia cum Dominico filio Iacobi Molendinari de Buia*, 1632.

rivolgersi e chiedere aiuto. Le sempre più numerose richieste di intervento del sacerdote da parte delle fidanzate abbandonate rafforzano il potere dell'uomo di chiesa all'interno delle relazioni familiari, con il beneplacito non solo delle donne ma anche, implicitamente, dei padri e dei mariti. Il *Tametsi* mette in contrasto i genitori, e in special modo il padre, con il parroco: il depositario ultimo della pubblica morale, nei villaggi come a Udine, diventa il sacerdote.[41] In questo progetto, l'ecclesiastico doveva essere pertanto simbolo di rettitudine, castità e moralità, per offrire un valido esempio di ciò che era "bene". I curati che invece mantenevano una condotta scandalosa, che vivevano con una concubina, o che erano ubriaconi analfabeti, erano numerosi e, mentre un tempo venivano tollerati, divennero bersaglio di violenti attacchi dell'Inquisizione e, spesso, anche della comunità.[42] Il curato di Treppo Grande, nel 1599, viene condannato e sospeso poiché in paese è scoppiato uno scandalo per la sua vita immorale. Il vicario patriarcale gli scrive allora una lettera in cui viene descritto il ruolo del curato come pastore, atteggiamento ben diverso dal suo, che

> "...ha goduto carnalmente una donna sposata et ancho sua figlia da cui ha havuto due figli, dicendo publicamente che chi gode la chioca puol godere anche li polastreli, non fa li officii et si ubriaca."[43]

Simile il caso del curato Giovan Domenego Peone, processato per adulterio e per aver ingravidato Valentina. Una prima volta, nel 1612, egli fu soltanto ammonito, in seguito, nel 1615, il tribunale ecclesiastico emise una sentenza che prevedeva il divieto di rivolgere

---

[41] Su questo argomento cfr. L. Allegra, *Il parroco: un mediatore fra alta e bassa cultura*, in *Storia d'Italia*, Annali 4, Torino 1981, pp. 895-947.

[42] Per quanto riguarda la questione del malcostume diffuso tra il clero cfr. A. Battistella, *Udine nel secolo XVI. La religione e i provvedimenti economico sociali*, Udine 1924, pp. 16-19.

[43] ACAU, Cause matrimoniali, *Processus, Ioannis Leonardi a Zana de Zeanutto cum Veneria Zocchi de Buia*, 1599.

la parola ad alcuna donna e tanto meno alla suddetta Valentina. Nonostante l'evidenza dei fatti, il curato continuò ad essere renitente a dichiarare la verità, tanto da indurre il giudice a proferire simili parole:

> "non potete negare cosa così chiara, perciò quando non vi risolviate a dirla, la giustizia ve la farà dire in altro modo, avvertendovi che la giustizia procede con altri termini con quelli che liberamente confessano la verità, che con quelli che si lasciano convincere."[44]

Evidentemente, sacerdoti che avevano simili costumi non potevano essere funzionali al disegno di mutamenti e restrizioni in campo sessuale previsto dalla Chiesa tridentina. Si impose, di necessità, un intervento di moralizzazione dei costumi da parte dell'istituzione ecclesiastica, per rieducare il clero ai doveri sacerdotali e, insieme, per rendere credibile ed efficace il nuovo ruolo a cui erano deputati.[45]

---

[44] ACAU, Cause matrimoniali, *Processus, p. Giovan Domenego Peone cum Valentina uxor Rocco de Vico di Cussignaco, Utini*, 1615.

[45] A. Battistella, *Udine nel secolo XVI*, cit., p. 18. Nel 1584, a Udine venne istituito un seminario al fine di insegnare al clero quali fossero i doveri sacerdotali e la corretta condotta morale.

La promessa matrimoniale [46]

Nel 1576, durante il processo intentato da Minica Simonuti di Rualis contro Petro Toso di Azzano,[47] un testimone parla della promessa di matrimonio e della copula carnale in termini di stretta connessione. Racconta di essere stato chiamato in casa del fratello di Minica, alle due del mattino, per assistere allo scambio della promessa con Petro, e di aver poi visto i due giovani recarsi insieme nella camera da letto. Nella testimonianza il racconto fluisce senza indugi, perché i fatti descritti rientravano nella normalità, nella consuetudine. All'incirca nello stesso periodo, in riferimento ad un'altra contesa, si descrive con naturalezza la promessa avvenuta tra Pascha di Montanario con Luca Lazari dello stesso paese, i quali,

---

[46] Sulla promessa matrimoniale cfr. F. Ciccaglione, *Gli sponsali e la promessa di matrimonio nella storia e nel diritto italiano*, Milano 1888; P. Rasi, *Consensus facit nuptias*, Milano 1946; F. Brandileone, op. cit.; AAVV, *I comportamenti sessuali*, Einaudi, Torino 1983; S. Cavallo, S. Cerutti, *Onore femminile e controllo sociale della riproduzione in Piemonte tra Sei e Settecento*, in " Quaderni storici", 44, 1980, pp. 346-383; G. Corazzol, L. Corrà, *Esperimenti d'amore nella Feltre del Cinquecento*, Feltre Pilotto 1981; G. Duby, J. Le Goff (a cura di), *Famiglia e parentela nell'Italia medievale*, Il Mulino, Bologna 1981; J.L. Flandrin, *Amori contadini*, tr. it. Mondadori, Milano 1980, Id., *Il sesso e l'Occidente*, trad. it. Mondadori, Milano 1983; J. Goody, *Famiglia e matrimonio in Europa*, tr. it. Mondadori, Milano 1984; G. Marcotti, *Donne e monache. Curiosità*, Firenze 1884. Sulla promessa matrimoniale in Friuli cfr. A. Sachs, *Le nozze in Friuli nei secoli* ...,op. cit; L. Accati, *Il mostro e la bella*, cit., p. 24 e segg.; Id., *Lo spirito della fornicazione: virtù dell'anima e virtù del corpo in Friuli fra '600 e '700*, in "Quaderni storici", 41, 1979, pp. 644-672; A. Battistella, *Un curioso processo matrimoniale*, in "Memorie storiche Forogiuliesi", VIII, 1912, pp. 73-79. Più in generale sul matrimonio e le relazioni familiari vedi P. Ariés, *L'amore nel matrimonio*, in AAVV, I *comportamenti sessuali*, cit.; L. Stone, *Famiglia, sesso e matrimonio in Inghilterra tra '500 e '800*, Einaudi, Torino 1983; R. Merzario, *Il paese stretto*, Einaudi, Torino 1979, C. Rosenberg (a cura di), *La famiglia nella storia*, tr. it. Einaudi, Torino 1979 M. De Giorgio e C. Klapisch-Zuber (a cura di), *Storia del matrimonio*, Laterza, Roma-Bari,1996.

[47] ACAU, Cause matrimoniali, *Processus, Minica quondam Simonuti de Rualis cum Petro de Toso de Azzano*, 1576.

dopo essersi toccati la mano in segno di matrimonio, "ebbero pratica carnale come marito e moglie."[48]

Anche spostandoci in avanti negli anni si incontrano testimonianze che chiariscono i termini in cui si intendeva l'unione matrimoniale nell'ambito della comunità contadina friulana. Al processo di Andriana Zorzeana di Villalta contro Ioanne Vangelussio, nel 1600, il giudice chiede esplicitamente ad un teste cosa sia il matrimonio; questi risponde: "io credo che la copula accompagnata con la promessa di aversi per marito et moglie basti a far matrimonio".[49]

La promessa matrimoniale in Friuli era ricca di elementi simbolici che sottolineavano la sua importanza e l'importanza della comunità e del suo controllo sociale sugli sposi, preminente rispetto al controllo dell'autorità ecclesiastica. L'atto simbolico più evidente che avveniva durante il rituale era costituito dal contatto delle mani dei due contraenti, insieme alla dichiarazione del consenso pronunciata ad alta voce. Comunemente seguiva lo scambio di oggetti simbolici: erano molto usati il fazzoletto, l'anello, talvolta delle stoffe, anche una moneta preziosa o un guanto, un crocefisso, oppure dei denari come "caparra".

Ioanna Colobichia, figlia di contadini benestanti, e Giacomo Maroldo, figlio di un notaio di Udine, sono coinvolti in una causa matrimoniale nel 1585.[50] È la donna a rivolgersi al tribunale in quanto il Maroldo ha disatteso la promessa fatta. Ioanna racconta che Giacomo l'aveva chiesta più volte in moglie, sia di persona sia attraverso intermediari, e quando la madre e lo zio al fine avevano acconsentito e l'avevano promessa al giovane, era stato

---

[48] ACAU, Cause matrimoniali, *Processus, Pascha de Montanario cum Luca Lazari de dicto loco*, 1576.

[49] ACAU, Cause matrimoniali, *Processus, Andriana Zorzeana de Villalta cum Ioanne Vangelussio*, 1600.

[50] ACAU, Cause matrimoniali, *Processus, Ioanna Colobichia di Ronchi Monfalcone cum Giacomo Maroldo de Utino*, 1585.

immediatamente chiamato il reverendo vicario del paese per presenziare al matrimonio. Questo avvenne, secondo l'usanza, in casa, alla presenza della madre, dello zio, del sacerdote e di alcuni testimoni:

> "Io confesso come voi madonna Hellena per gratia di Nostro Signore mi havete concessa madonna Zuana vostra figliola per mia legittima moglie et perciò voi missiore et voi altri ogni presenti sarete testimonii come io accetto per mia legittima moglie madonna Zuana sudetta et lei rispose et io vi accetto per mio marito. E doppo tali parole esso messer Zuane toccò la mano ad essa madonna Zuana mettendogli un anello in ditto come in tali occasioni si suol fare, et essa a lui diede un facioletto."

Conclusi i festeggiamenti di rito e partiti gli invitati, i giovani promessi rimasero soli in famiglia:

> "la sera istessa esso messer Zuane volendo andar dormir con madonna Zuana sudetta et non volendo a ciò consentir messer Valentino suo zio né la madre, disse esso messer Zuane che voleva in ogni modo questa notte dormir seco, dicendo (…) simil parole, la è mia moglie et perciò non havete più che far de lei, et così come suo marito quella sera dormitte con essa et consumò matrimonio. Continuò la pratticha più et più giorni dormir sempre con la sudetta producente sua moglie usando carnalmente con lei."

La celebrazione di questo matrimonio segue i moduli consuetudinari senza far pensare ad una cerimonia accessoria, subordinata ad una successiva ratificazione in Chiesa. L'insistenza sui termini *legittima moglie, mio marito,* presenti nelle testimonianze, esprimono la convinzione che ciò che avviene è un legittimo matrimonio. Anche la presenza del sacerdote al rito, spesso ricercata, altro peso non ha se non quello di conferire maggiore solennità ed importanza al matrimonio, non è una formalità necessaria. Tuttavia, si deve considerare nuovo l'atteggiamento mantenuto dallo zio e dalla madre. Pur non opponendosi con grande decisione, un tentativo per impedire ai due giovani la consumazione l'hanno fatto: la loro disapprovazione ci offre un primo esempio di titubanza rispetto alla liceità del costume. Quando Giacomo abbandona la giovane provoca un violento scandalo:

> "grande murmurar et scandolo di tal manchamento di fede di detto Zuane verso madonna Zuana producente che al giudicio di tutti quelli che conoscono casa Colobichia et suo parentado, se non fosse dechiaratto per matrimonio potrebbero nascer grandi rumori et rissa et ancho morte di Giacomino con scandolo universale dei fedeli cristiani".

Secondo il testimone, il matrimonio deve dunque a questo punto essere *dechiaratto,* ossia riconosciuto e legalizzato dall'autorità ecclesiastica.

In un processo del 1594, le parti coinvolte sono un giovane contadino di Cussignacco, Ioanni Dominico Manguardi, e Berthulina Mataloni di Samardenchia, figlia di contadini benestanti.[51] È stato Ioanni Dominico ad istruire la causa perché Berthulina l'ha ingannato: egli è intervenuto durante le pubblicazioni, ponendo impedimento al matrimonio che la giovane stava per celebrare insieme ad un altro uomo, Lorenzo Bernardi di Ialmico. La contesa è tra i due uomini cui Berthulina ha dato promessa di matrimonio in tempi diversi. Attraverso le testimonianze, il giudice cercherà di stabilire quale dei due giovani ha il diritto di sposare Berthulina. Depone Ioan Dominico che, in diversi *capitula,* racconta come avvenne lo scambio della promessa:

> "1. Il producente e Berthulina hanno per un anno in circa fatto l'amore insieme come si suol fare tra giovani contadini, che hanno opinione di pigliarsi per marito et moglie 2. Che ricambiando l'amore della fra loro un giorno il producente l'addimandò se voleva promettergli di pigliarlo per marito che lui prometteva a lei di pigliarla per moglie 3. Berthulina rispose che li prometteva di pigliarlo per suo marito e che replicando lui alla fe, rispose nella fe sì, et così hebbe caparra di dui ducati da esso producente".

---

[51] ACAU, Cause matrimoniali, *Processus, Laurentii quondam Natali Bernardi de Ialmico, Ioanne Dominico filio Iosephi Manguardi de Cussignacco cum Berthulina filia Ioannis Mataloni de Samardenchia*, 1594.

Alcuni giorni dopo Dominico ritorna a casa di Berthulina per avere conferma della promessa fatta, e la ottiene:

> "5. Dopo la promessa si dettero la mano fra loro per confirmatione della detta fede et confessò alla presenza delli testimoni ivi presenti, Berthulina che haveva avanti, quando fu la prima promessa, avuto per caparra dui ducati dal producente".

Come spesso accadeva, la promessa veniva scambiata anche più volte, prima solo tra i due giovani interessati, poi alla presenza di testimoni, circondata dai riti locali e da atti simbolici che potevano variare a seconda delle circostanze. Le parti accessorie di cui si circondava lo scambio dei consensi sono comunque facoltative; in merito alla caparra, per esempio, un teste dichiara:

> "la caparra si intendano li danari, et non so se le capare sono necessarie in queste cose, ma io in quanto a me credo che anco senza di quelle si possano contrahere li matrimoni".

Depone poi Lorenzo il quale, a sua volta, descrive come avvenne la promessa con Berthulina:

> "1. Che la seconda domenica di giugno prossimo passato nella villa di Samardenchia avanti la casa del habitatione di Zuan Matalone padre di Berthulina respondente, essa Berthulina promise a Lorenzo producente di prenderlo per marito, et lui promise di prender lei per moglie, dandosi l'uno all'altro la fede, et giurando per li Santi Guangelij, di osservar essa promessa, et questo alla presenza di Natale, et di Iosepho et di Zuane di Ialmico 2. Che di questa promessa fu subito avisata Nadalia madre di Berthulina, la quale chiamò la figliola, et Lorenzo, et li compagni nella sua camera, ove Berthulina fece un brindisi a Lorenzo, et Lorenzo a Nadalia, et tutti insieme beverno allegramente".

I giovani trascorrono l'estate comportandosi come sposi. Prosegue la deposizione:

> "5. Che essendosi Lorenzo producente amalato al tempo delle vendeme prossime passate con pericolo di morte, fu dato ad intendere a Berthulina respondente, che lui sarebbe morto, et perciò fu ridotta a parlare con Zuan

> Domenico Manguardo di Cussignacco 6. Che doppo risanato Lorenzo producente essa Berthulina ha sempre detto, che lei vuol mantenir la promessa fatta a detto Lorenzo, et che vuol lui, et non altri per suo marito, havendo ratificato questo alla presenza del reverendo curato di Semardenchia."

Complessivamente, le descrizioni delle promesse, sia nella deposizione di Ioanni Dominico, sia in quella di Lorenzo, profilano un rito che ha di per sé un forte valore contrattuale. Più avanti nel processo però, si insiste significativamente sulla presenza del sacerdote durante lo scambio del consenso tra Berthulina e Lorenzo; leggiamo infatti:

> "Berthulina et Lorenzo producente alla presenza del reverendo curato di Semardenchia, et di Zuane Matalone suo padre, ratificarono la promessa di matrimonio fra loro seguita et esso reverendo curato fece un bollettino al reverendo curato di Palmata che facesse le pubblicazioni in chiesa."

Da una parte, il riferimento all'istituzione ecclesiastica, spesso presente nelle testimonianze delle parti in causa anche in altri processi, ha l'obiettivo di dare maggior credibilità alla propria deposizione, dall'altra, riconoscendo l'importanza del matrimonio in chiesa e dimostrando l'osservanza della nuova normativa conciliare, sminuisce l'importanza della promessa agli occhi degli inquisitori. Insieme al precedente, Lorenzo formula un altro capitolo, che ha però il valore di far nuovamente prevalere la forza della tradizione: "il lunedì immediate doppo la detta festa di Semardenchia Lorenzo producente andò a dormire et hebbe comertio carnale con Berthulina, et questo con la saputa et consenso di Nadalia sua madre". Su questi ultimi due punti emergono contraddizioni e divergenze: né il curato, né la madre concordano con la versione data da Lorenzo. Il primo tiene a puntualizzare, di fronte al giudice ecclesiastico, la propria correttezza nell'adempiere il suo dovere di ministro della Chiesa, sostenendo di aver voluto esclusivamente accogliere la licenza alle pubblicazioni, senza porre interesse alcuno alle parole di ratifica della promessa. La madre afferma che, alla richiesta di Lorenzo di dormire con la figlia, non acconsentì, e che quando la fantesca la avvisò di aver visto Lorenzo in camera di Berthulina, subito accorse per intervenire

> "andai [...] dove dorme Berthulina, et havendo batuto alla porta, né mi fu risposto, et perciò urtai in essa porta et l'apersi, et entrata dentro, ritrovai esso Lorenzo presso il letto, dove era Berthulina che si haveva spogliate le braghesse et li dissi che cosa fastu qua Lorenzo? Et lui rispose, io voglio andar a dormir con Berthulina, perché è mia moglie, et io li dissi che non voleva che andasse fin tanto che non la sposava".

Le testimonianze antitetiche di Lorenzo e della madre della giovane sul fatto che ci sia stata o meno copula carnale dopo la promessa sono l'espressione di un conflitto tra vecchie pratiche e nuove norme. Nelle comunità sempre più si accentueranno disagio ed incertezza in relazione ad un momento che in passato, benché non esente da conflitti, veniva vissuto su un piano non tanto di ordine formale, quanto piuttosto di ordine sociale e morale. Quando i giovani godevano la fama di essere marito e moglie erano appoggiati dal villaggio, i rapporti sessuali e la procreazione non avevano alcuna valenza negativa. Se una donna veniva abbandonata, magari in difficoltà economiche o con un figlio da allevare, il problema era grave, ma non era inasprito da una riprovazione collettiva; la donna non provava il senso della vergogna o del peccato per aver avuto rapporti sessuali in seguito ad una promessa di matrimonio. L'importanza attribuita alla promessa risulta comunque evidente durante l'intero periodo preso in esame. Il fatto stesso che coloro che erano coinvolti in controversie matrimoniali si presentassero davanti al giudice ecclesiastico con la volontà di dirimere ufficialmente uno scontro privato manifesta la convinzione di aver subito un torto passibile di essere perseguito giuridicamente.

Dalla documentazione emerge come, non di rado, l'uomo cerchi di diffamare la donna coinvolta per giustificare un abbandono, e ottenere quindi l'approvazione della comunità e del tribunale ecclesiastico. Spostandoci in avanti negli anni, precisamente nel

1606, la storia di Iacobo Grisono di Cividale e Valentina Grisone rappresenta un caso emblematico.[52] La promessa matrimoniale avvenuta tra i due ha dato luogo ad un rapporto di convivenza durato molti anni, come accettato dalla tradizione. Iacobo e Valentina si erano persino dati la mano davanti all'altare della chiesa e lui le aveva donato un anello d'argento alla presenza del sacerdote. Questa è la versione della giovane, la quale era convinta di essere regolarmente sposata. Dopo una lunga relazione, dalla quale è anche nata una bambina, Iacobo abbandona Valentina. Durante il processo Iacobo è chiamato a testimoniare:

> "è ben vero che io gli dissi queste parole su la porta della chiesa del duomo: se voi sarete donna da bene io vi sposarò, et lei mi rispose ogni volta che io trovassi che facesse male, che si contentava che io li tagliassi la testa".

Il giovane sostiene che Valentina "ha tenuto cattiva vita" e che ha avuto commercio carnale con diverse persone, in diversi luoghi e tempi, che è di "natura infame," e che lui aveva detto che l'avrebbe sposata solo se fosse stata "da bene, ma trovo che ella non è et perciò non la voglio".

Molto conta ancora l'opinione della comunità del villaggio. Il controllo comunitario ha una funzione importante sia nel controllo delle scelte matrimoniali – regola di fatto i rapporti sessuali delle fanciulle da marito – sia nel correggere comportamenti che contrastavano con la morale collettiva. A partire dagli anni considerati, si assiste ad un progressivo spostamento dell'autorità depositaria della morale, dalla comunità alla Chiesa. Sovente i protagonisti delle cause matrimoniali si richiamano alle regole conciliari: le donne, ad esempio, dopo aver raccontato con dovizia di particolari come avvenne la promessa di matrimonio, aggiungono che era stata loro garantita la solennizzazione in Chiesa, nel rispetto

---

[52] ACAU, Cause matrimoniali, *Processus, domina Valentina Grisone cum domino Iacobo Grisono de Cividato*, 1606.

delle nuove norme. Da un lato, la donna sperava innanzitutto che il matrimonio, benché clandestino, venisse riconosciuto valido, o che l'uomo denunciato, impaurito, decidesse di ufficializzare spontaneamente l'unione. Dall'altro, anche se non c'era possibilità di concludere felicemente il contratto, la donna trovava nell'istituzione ecclesiastica un'autorità in grado di riabilitarla socialmente, restituendole, una volta vinta la causa, l'onore e la fama perduti. Condannando il mancante, anche se non era possibile costringerlo al matrimonio senza il consenso, lo obbligava a risarcire la donna offesa, stabilendo una quota per la dote ed un'altra per il mantenimento degli eventuali figli nati dalla relazione. La Chiesa offriva alla donna ingannata riabilitazione sociale e dotazione, ed accresceva il potere degli ecclesiastici nell'ambito del controllo delle relazioni interpersonali, a discapito dell'autorità dei genitori e della comunità.

Per gli uomini, riferirsi alle norme tridentine, aveva un significato decisamente opposto. È a sostegno di chi abbandona appellarsi al fatto che la promessa non ha alcun valore vincolante: nel 1604, Matthia Bernussini di Osoppo esplicita: "*copula non facit matrimonio nec sponsalia*", con la certezza di essere nella legalità.[53]

I testimoni raramente citano le nuove disposizioni conciliari, non essendovi un interesse diretto a mostrarsi osservanti. In tal modo, meglio si può cogliere il reale valore della tradizione: emerge infatti quanto ancora la promessa occupi un posto importante nella mentalità collettiva. Il proposito normativo della Chiesa in materia matrimoniale è ancora lontano dall'aver raggiunto il proprio obiettivo. Un testimone, al processo tra Hellena Muducco di Laipaco con Michele Lazari Minici, nel 1609, così afferma:

[53] ACAU, Cause matrimoniali, *Processus, Apollonia filiam Valentinii Simonis de Osopio cum Matthiam filium Ioannis Bernussini de dicto loco*, 1604.

"tutti nella villa tengono la opinione et credenza [...] che siano promessi come marito et moglie et perciò ancho conosciuti carnalmente".[54]

In un'altra testimonianza più avanti si ribadisce:

"credo che habbiano havuto a fare carnalmente fra essi come marito et moglie [...] non credo certo che se detto Michele non havesse promesso di tior per moglie detta Hellena non li haverebbe consentito di havere a fare carnalmente."

È quindi considerato unanimemente "onesto" avere rapporti sessuali dopo la promessa di matrimonio.

In un processo del 1607, i protagonisti, Alexandra Bassi di Qualso e Floreano Morandini del medesimo paese raccontano come avvenne la promessa matrimoniale tra loro.[55] Ecco la deposizione di un teste a favore di Alexandra:

"è vero che Florean capitulato in segno di contraher matrimonio con Alexandra producente li ha toccata la mano in presenza di testimoni. Io so questo perché, essendo rumore nella hostaria di detta producente, viensero in casa mia ivi vicina a toccarsi la mano, et mi chiamarono me per testimonio. [...] Si toccarono la mano, che io viddi, et si promisero di tiorsi per marito et moglie [...] il reverendo di Qualso ha pubblicato dui volte in chiesa il matrimonio che dovevano contraher insieme detti Florean et Alexandra di loro commissione, nelle quali publicationi fu scoperto impedimento di parentà fra loro. Super sexto capitulo dixit, io non son stato a vedere, se la producente habbia havuta copula con Florean, so bene che lei ha partorito un putto che hoggidì vive, et per quanto lei dice, lo ha partorito con detto Florean, col quale lei mi ha detto di haver havuto copula sotto la sudetta promessa."

Anche in questo caso, da un lato c'è la promessa, rituale privato che avviene in casa di un testimone con il consueto atto di toccarsi la

---

[54] ACAU, Cause matrimoniali, *Processus, Helena Muducco de Laipaco cum Michele Minici Lazari de dicto loco*, 1609.

[55] ACAU, Cause matrimoniali, *Processus, Alexandra quondam Valentini Bassi de Qualso cum Floreano quondam Iacobi Morandini de Qualso*, 1607.

mano, dall'altro l'aspetto della formalità delle pubblicazioni in chiesa. Ma il fatto di *haver havuto copula sotto la sudetta promessa*, senza quindi attendere di essere regolarmente sposati, suggerisce che ancora la promessa matrimoniale è il momento principale e più significativo di un matrimonio. Le pubblicazioni vennero quindi interrotte perché emerse un legame di parentela. Benché la Chiesa fosse molto rigida rispetto agli impedimenti di parentela e di affinità, dal processo risulta che era possibile ottenere la dispensa per contrarre il matrimonio, attraverso il pagamento di una somma di denaro. Alexandra e Floreano però, non essendo facoltosi, avrebbero voluto ottenere una *fede di povertà* per ridurre le spese. Si recarono così a Udine dal Vicario patriarcale per mostrargli "l'arbore della parentà" e per dirgli che "erano poveretti et non havevano il modo di poter mandar per la dispensa". Il Vicario rispose loro che se non avevano i soldi per la dispensa non si poteva concludere il matrimonio e, così dicendo, li congedò, liberandoli dalla fede di sposarsi insieme. Un teste racconta cosa disse il Vicario di Udine precisamente:

> "detti Florean et Alexandra erano poveri et non potevano mandar per dispensa, egli rispose che non poteva far altro, et che lui non era papa da dispensarli, et che se non volevano o non potevano mandar per la dispensa li licentiava, et disse che ogn'uno di loro poteva maritarsi in chi più li piacesse, dicendo alla putta che si poteva trovar un altro marito et al giovane che si trovasse un'altra moglie, et con queste parole li licentiò, anci dimandò anchora se havevano havuto da far un con l'altro, et messer Lionello de Qualso gli rispose di sì, et monsignor vicario gli disse bon pro li faccia, che ci fece rider tutti con queste parole".

Paradossalmente, persino un esponente autorevole della Chiesa tridentina, quale il Vicario patriarcale, poco si scompone di fronte alla copula seguita alla promessa di matrimonio intercorsa tra i due giovani di Qualso.

Il processo in atto nel XVII secolo segna il passaggio, lento e faticoso, caratterizzato spesso da contraddizioni, da un tipo di morale collettiva dinamica e dialettica, che consentiva il confronto, il consiglio e la correzione della devianza prima della punizione e del giudizio, ad un tipo di morale istituzionale e rigida che non lascerà più autonomia di scelta. Se nel Seicento, per ottenere la solidarietà femminile funzionale alla costruzione del suo potere, la Chiesa garantiva alle donne protezione e riabilitazione sociale, nel secolo successivo, le donne saranno ormai vincolate ad un rigido codice comportamentale che non consentirà loro la manifestazione di alcuna sregolatezza. Ogni responsabilità delle relazioni sessuali e dei figli illegittimi sarà dunque accentrata su di esse. Nel caso in cui la donna accondiscendeva ad avere rapporti sessuali con disinvoltura e senza fede di matrimonio, veniva considerata dalla comunità una meretrice e, di conseguenza, veniva diffamata pubblicamente. Così Pascha Morassia di Cervicenti Supris, nel 1621.[56] La giovane dichiara di aver avuto commercio carnale con Nicolai Bombaderi di Villa Siaio, senza che tra di loro vi fosse alcuna promessa. La reazione è immediata, tutti i testimoni dicono che è una donna "accorta et astuta, che sa far e dir il fatto suo", che ha avuto rapporti con molti uomini ed infine una donna del paese le dice "scomunicata".

Nel corso della prima metà del XVII secolo, atteggiamenti e modi che denunciano incertezza sul consenso alla copula si manifestano più o meno velatamente attraverso le testimonianze delle donne. Generalmente, esse legittimano la relazione sessuale con il fatto di aver ricevuto promessa di matrimonio. Tuttavia, in date più tarde, le donne esprimono indecisione e disagio nell'affrontare l'unione dopo la promessa: sembra venga a mancare la convinzione di comportarsi correttamente. Maria Dominici di Cargnacco, nel 1634, racconta che, ogni qualvolta si univa carnalmente con Giovanni Battista Grimano di Vendole era titubante, e ribadiva insistentemente di farlo perché

---

[56] ACAU, Cause matrimoniali, *Processus, Nicolai Bombaderij de Villa Siaio cum Pascha Morassio de Cervicenti Supris*, 1621.

tra loro c'era promessa matrimoniale.[57] Poiché usiamo una fonte giudiziaria, dobbiamo però tenere conto dell'intenzione di accattivarsi la simpatia dei giudici. È significativo che da una parte ci sia insistenza sulla promessa, dall'altra, quando la promessa ricevuta non basta più a giustificare il rapporto si rafforzi l'ipotesi di una responsabilità "negativa" della donna nell'accettare i rapporti sessuali. Se il valore della promessa non esiste più, accettare rapporti sessuali diventa ingiustificato socialmente, è un comportamento da donna di malaffare. Poiché Maria sa quanto ormai sia diventato debole l'argomento della promessa, ricorre all'argomento del pudore. Tanto incerta è la sua difesa di fronte al giudice, quanto doveva essere stata incerta la sua ritrosia, quanto incerto doveva essere stato il sentimento che il rapporto sessuale fosse un comportamento di cui vergognarsi.

Nel 1626, Sabbata Pischiuta di Villa Nova racconta che, subito dopo la promessa, Andrea Cechi di Andreis volle avere copula carnale con lei e, nonostante la sua ferma opposizione, riuscì a deflorarla.[58] La giovane sostiene fermamente che lei non avrebbe voluto cedergli ma che Andrea insistette:

"et io recusava per non commetter peccato [...] et diceva che mi haverebbe atteso a quanto mi aveva promesso [...] lui voleva sposarmi et non stare più in quel peccato"; anche il curato, a cui Sabbata si era rivolta per un consiglio, le disse "che bisognava che mi levassi dal peccato et non star lì in quella casa".

In questa testimonianza si parla esplicitamente di peccato. Si sta progressivamente insinuando nella morale comune uno stretto legame tra rapporti sessuali e senso del peccato, con un maggior coinvolgimento delle donne, particolarmente nella fase precedente il matrimonio.

---

[57] ACAU, Cause matrimoniali, *Processus, Maria quondam Ioannis Dominici de Chargnacco cum Ioanne Baptista Grimano de Vendole*, 1634.

[58] ACAU, Cause matrimoniali, *Processus, Sabbata filia quondam Mathei Pischiuta de Villa Nova cum Andrea filio Cechi de Andreis*, 1626.

Anche nel giudizio della comunità si scorge talvolta traccia dei mutamenti in corso. Di norma, quando nell'ambito del paese si credeva che due giovani fossero promessi, era accettato che tra loro vi fosse un rapporto come fra marito e moglie, senza che ciò suscitasse reazioni di biasimo, né scandalo alcuno. Nel 1612, una teste, Angelica, parlando degli incontri che avvenivano tra Hellena Cesarina di Udine e Dominico Simonis, testimonia:

> "se non havessimo creduto noi altri, che in tre o quattro massarie che stamo in quella casa, che venisse là come suo marito, non havessimo permesso che fusse venuto là di notte a quel modo et apperta la porta a suo piacere".[59]

Di seguito, un altro teste conferma:

> "io ho sempre tenuto [...] che esso Domenego sii suo marito et così hanno creduto et tenuto l'altri vicini, che se havessimo creduto altrimenti, non haveressimo sopportato [...] che egli havesse havuto libertà di venir in casa al modo che faceva."

I vicini hanno quindi accettato le modalità d'incontro dei due giovani, in quanto era opinione comune che fossero promessi: la comunità ha l'autorità di sopportare e permettere i comportamenti sessuali dei giovani del paese.

Diverse sono le osservazioni di un testimone al processo tra Ioannina Decano di Gregliano e Dominico Carnei di Tricesimo, nel 1623.[60] Questi racconta di aver sorpreso Ioannina e Dominico comportarsi affettuosamente in pubblico e di essere intervenuto dicendo:

> "che non stesse bene a fare quegli atti tra loro così domesticamente,senza far come fanno li buoni cristiani et esso mi rispose che voleva andar a

---

[59] ACAU, Cause matrimoniali, *Processus, domina Helena Cesarina quondam Ioannes de Utino cum Domenico Simonis a Cino de dicto loco*, 1612.

[60] ACAU, Cause matrimoniali, *Processus, Ioannina filia quondam Hieronimi a Decano de Gregliano cum Domenico figlio magistri Antoni Carnei de Tricesimo*, 1623.

> Tricesimo a farlo dir in Chiesa, et così li essortai tutti doi a fare come comanda la chiesa,volendo star a quel modo in compagnia che nella strada pubblica stessero abbracciati uno con l'altro".

Il teste non ritiene più di poter giudicare, come membro della comunità, se i due giovani siano marito e moglie; l'innamorato sorpreso, per parte sua, per giustificarsi non dice di aver promesso il matrimonio alla ragazza, né di voler chiedere il consenso dei genitori, ma di voler andare in chiesa: gli atti affettuosi in pubblico non sono più un segno di promessa matrimoniale, di matrimonio, bensì un segno d'irregolarità, un comportamento sconveniente, perché la comunità va sempre più perdendo l'autorità per giudicare i comportamenti sessuali.

Disparità di condizione sociale

Una delle ragioni per cui una promessa veniva disattesa era la disparità di condizione sociale tra i due giovani. La maggior parte dei casi di mancata promessa in simili circostanze, vede protagoniste giovani contadine o ragazze che lavoravano a servizio in casa di famiglie benestanti, lontane dalla casa paterna. Queste donne trovavano spesso impiego in un paese diverso da quello di provenienza, prive della protezione che normalmente la comunità d'origine offriva. Solitamente l'accusato era il padrone, o il figlio di questi, il quale, dopo aver avuto copula carnale sotto fede di matrimonio con la fantesca, la abbandonava.

In un processo del 1606, Sabbata Leonardi di Giera di Comelico racconta la propria storia.[61] Lei serve in casa dei Victoris, genitori di Ioan Baptista, il quale, un giorno, dopo averla seguita, entra nella sua stanza, chiude la porta e "cominciò con assai lusinghe a ricercarla che volesse far copia di sé". La giovane rifiuta, così Baptista

---

[61] ACAU, Cause matrimoniali, *Processus, Ioannis Baptista a Victoris de Giera de Comelico cum Sabbata filia Andrea Leonardi de dicto loco*, 1606.

promette di sposarla dicendole "alla fe' di Dio [...] et volendo lei che fussero testimonij, lui rispose non occorre, che sono stati anche degli altri che si sono tiolti fra loro". Dopo alcuni giorni, Baptista raggiunse Sabbata nel maso dove zappava, la gettò a terra e fece "atti dishonesti". Convinta di essere tutelata dalla promessa di matrimonio ricevuta, la giovane accondiscende diverse volte ad avere rapporti sessuali, fino al momento in cui Baptista si stanca e la abbandona.

Anche spostandoci in avanti negli anni, nel 1634, ci imbattiamo in una situazione analoga.[62] Ioanne Battista Grimani di Vendole ha fatto promessa ed avuto copula carnale con Maria Dominici di Cargnacco, che lavora a servizio presso la famiglia del giovane. In tribunale, Ioanne Battista cerca di trovare argomentazioni a sua difesa attraverso l'usuale attacco all'onestà della giovane. Dice che Maria, "per tirarlo alle sue voglie gli ha fatto atti di libidine mettendogli le mani nelle braghesse nella parte davanti" e che la promessa era stata fatta per gioco, *per burla,* essendo lui ubriaco. Durante il processo, la giovane rivendica la regolarizzazione del rapporto in base alla promessa matrimoniale ricevuta. Un testimone dichiara, nella sua deposizione, di essere intervenuto non appena Maria gli raccontò che tra lei e Ioanne Battista c'era stata *promissione*, nel tentativo di dissuaderla dal continuare la relazione, data la disparità esistente tra loro: "et li dissi che non dovesse sperar in lui tanto et che mai Ioanne Battista l'haverebbe sposata". Raramente nascevano seri legami tra uomini e donne appartenenti a ceti diversi, data la rigida suddivisione in strati sociali esistente, che non consentiva matrimoni al di fuori del proprio gruppo sociale di appartenenza. Nel caso in cui una giovane si accompagnava ad un ragazzo che non era *suo pari*, era la comunità stessa, prima a metterla in guardia - come ci dimostra la testimonianza precedente - e poi a giudicarla negativamente. La diffamazione era regolata dal controllo sociale della comunità. Una

[62] ACAU, Cause matrimoniali, *Processus, Maria quondam Ioannis Dominici de Cargnacco cum Ioanne Baptista Grimano de Vendole*, 1634.

ragazza veniva giudicata *da bene* per un complesso di elementi codificati e condivisi dalla comunità e non soltanto per il fatto che accondiscendesse o no ai rapporti sessuali. I rapporti sessuali di per sé non erano né buoni né cattivi, ciò che li definiva erano le circostanze in cui avvenivano, rispettose o meno delle norme sociali condivise.

Emblematico è il caso di Ursula Crefila di Gemona in causa con il nobile Marco Antonio Locatello, nel 1615.[1] La giovane viene definita "non da bene e di poco onore" perché ha frequentato uomini "che non erano di suo pari", ha quindi trasgredito a una norma sociale precisa. Da questi uomini ha inoltre ricevuto molti regali ed è "ben adobata et fornita et ha biancheria al pari d'ogni altra arteghiana di questa terra", nonostante suo padre sia povero "di beni di fortuna". Purtroppo il fascicolo di questo processo è incompleto: mancando la parte processuale introduttiva con i capi di accusa di entrambe le parti, ed essendo integra solo quella relativa alle testimonianza contro Ursula, non possiamo conoscere la sua versione e le deposizioni a suo favore. La parte a lei avversa punta esclusivamente sulla diffamazione. Un teste dice di aver visto Ursula parlare con molti uomini, "et quando si facevano feste pubbliche da ballare, io ho visto a ballar con essa, et fare assai atti d'amor con lei". Un altro afferma che, prima di fare l'amore con Locatello, lo faceva con Zuanne d'Abram, sellaro e maritato; che un altro le donò teli di seta per farsi un abito e che lo stesso Marco Antonio le diede "assai danari et certa tella biancheggiata per fare grimiali et certi tovaglioli". Non possiamo sapere se queste fossero solo menzogne, funzionali a sostenere la posizione di Locatello, oppure se non vada considerata l'ipotesi che lei fosse veramente in cerca di una sistemazione sociale con un uomo benestante e titolato.

---

[1] ACAU, Cause matrimoniali, *Processus, domina Ursula Crefila de Glemona cum nobile domino Marco Antonio Locatello de dicto loco*, 1615.

Gli abbandoni condizionati dalla posizione economica dei contendenti non coinvolgono esclusivamente padroni e servitori. Nella contesa fra Cattherina Michaelis di San Daniele, figlia di contadini, e Francesco Bocio, figlio di proprietari di bottega e di un'osteria, nel 1607, i testimoni che depongono a favore della giovane la definiscono "honesta et molto comoda di beni".[2] Francesco non ha alcuna intenzione di mantenere la promessa perché, in realtà, non la ritiene sufficientemente facoltosa. Inizialmente, tenta persino di negare la relazione avuta con la giovane; dopo un ulteriore interrogatorio, ammette di aver avuto rapporti con Cattherina, ma "per operatione di sua madre", diffamando così entrambe le donne. Dice infatti "quasi sempre li ho lassato buona summa di danari et essa Cattherina mi ringraziava". Nella propria deposizione, Cattherina invece insiste sul momento della promessa: racconta che, quando Francesco ebbe la sua verginità, lei volle avere una fede davanti a testimoni in segno di matrimonio, e che allora lui

> "pose mano alla scarsella et cavò fuori una corona alla quale era appesa una medaglia con un crocifisso su, et mostrato il crocifisso a domina Cattherina disse, voglio che questo Christo sia testimonio che io vi prometto di pigliarvi per mia moglie et che mai in matrimonio altra che voi [...] sottospecie di detta promissione essa donna al fine condescese ai desideri del Bocio, con darli la sua virginità et con detto Bocio restò poi gravida, onde già cinquanta giorni ha partorito una puttina".

Inoltre, per smentire la differenza di condizione, la giovane afferma di essere dotata della consistente somma di 200 ducati. Segue nel fascicolo la deposizione di Francesco che, nei capitoli fissati, diffama esplicitamente Cattherina e la sua famiglia, ribadendo la disparità di posizione sociale

---

[2] ACAU, Cause matrimoniali, *Processus, Cattherina filia quondam Michaelis de San Daniele cum Francisco Bocio de dicto loco*, 1607.

"1. Che Cattherina per molti anni faceva l'amor con gentilhomini et gli dava presenti 2.Che il padre era così vile che da tutti veniva nominato Michelut, visse miseramente et in gran povertà solo, lontano dalla moglie, et si fece anco lecito allogiar in casa sua femene di cattiva vita con huomini che le amavano 3.Che il nonno era contadino e non ha lasciato nessun legato a Cattherina e che lei non solo non può havere una dote di 200 ducati, ma neanco di 30 ducati".

La lite si sostanzia di continui attacchi delle due parti sulla reciproca umiltà delle origini; anche Cattherina, infatti, cerca di dimostrare che la madre di Francesco, prima di sposarsi, era una povera contadina. Gli interrogatori del giudice procedono così in maniera da stabilire la reale posizione economica dei due contendenti e delle rispettive famiglie. Ad esempio, un teste avverso a Cattherina depone:

"sì che io ho visto più volte Cattherina all'opera in campagna a zappar sorghi, miglio, sesolare, vendimiare et far opere da contadina, et così parimenti sua madre et li fratelli".

Verso la fine del processo emerge la novità: Francesco era in parola, per opera dei suoi zii, con una "figliola di Hieronimo Biasutto di Peonis con promessa della metà della sua facultà, quale era di gran valuta"; gli zii avevano cioè trattato una promessa di matrimonio che implicava un vantaggio economico notevole per l'intera famiglia. Il fattore che scatena definitivamente la contesa, dai toni piuttosto forti anche sul piano giuridico, è la nascita di una bambina, che pone il problema del riconoscimento da parte di Francesco e del suo mantenimento. Questo comportava, evidentemente, un impedimento alla conclusione degli accordi presi con la fanciulla benestante che Francesco si accingeva a sposare. Francesco, prima di essere portato in tribunale, aveva anche tentato un'altra strada per risolvere con Cattherina la spinosa questione della gravidanza imprevista. Un teste racconta infatti che, parlando del parto con Francesco, lui gli aveva detto: "io non haverei questo intrigo né io né lei se lei faceva a mio modo, perché haveria dato un scudo ad uno che havesse portato via la creatura". Francesco avrebbe quindi preferito che Cattherina esponesse la creatura o abortisse, evitandogli in tal modo di rispondere pubblicamente del raggiro commesso.

Generalmente, gli uomini benestanti coinvolti nelle cause matrimoniali riuscivano a vincere proprio in funzione della loro maggiore importanza rispetto alla ragazza sedotta. È il caso, ad esempio di Zanitta Gardina e Carlo Lissotti, entrambi di Sacile.[3] Lui la diffama, presentandola come una donna non più giovane, "accorta, avveduta e in fortuna piuttosto debole, oltre che dedita ad intrattenimenti amorosi con diversi uomini", che vive sola in una casa di sua proprietà, che variamente affitta. Carlo, che ha amici altolocati e viene chiamato "monsignore" nonostante la sua giovane età, dopo due anni di processo vince la causa: il tribunale lo proscioglie totalmente e lo libera da qualsiasi obbligo nei confronti di Zanitta, compresa la dotazione. In sede di interrogatorio, poco in realtà si parla della promessa di matrimonio e molto invece si discute dell'onore della donna. Vengono spostati i termini del problema e si adduce come ragione principale del rifiuto a riconoscere l'impegno, non l'inferiorità economica, bensì le scarse virtù morali della giovane.

Nei processi si fa spesso riferimento all'onore.[4] L'onore esprimeva un giudizio di tipo sociale, una qualità dei singoli variamente misurabile. Uno scarto alla norma, un comportamento scorretto contribuivano ad alzare o abbassare il livello di questa virtù agli occhi della collettività. La donna possedeva fondamentalmente

---

[3] ACAU, Cause matimoniali, *Processus, Zanitta Gardina de Sacille cum Carlo Lissotti de dicta terra*, 1641.

[4] Sull'onore come regolatore dei rapporti nella società di ancien régime si veda: G. Fiume, (a cura di), *Onore e storia nelle società mediterranee*, La Luna, Palermo 1989; C. Povolo, *L'intrigo dell'onore. Poteri e istituzioni nella Repubblica di Venezia tra Cinque e Seicento*, Cierre, Verona 1997; G. Ruggiero, *"Più che la vita caro": onore, matrimonio e reputazione femminile nel tardo rinascimento*, in "Quaderni Storici", 66, XXII, 1987; S. Cavallo-S. Cerutti, *Onore femminile e controllo sociale della riproduzione in Piemonte tra Sei e Settecento*, cit.

un'unica fonte di onore, quella che derivava dal rapporto con l'altro sesso. Se il suo comportamento deviava rispetto a quanto prescriveva il codice morale, la donna perdeva la stima dei suoi compaesani e non aveva la possibilità di riscattarsi se non ricorrendo all'autorità degli uomini, padri e parenti in primo luogo. La riabilitazione avveniva tramite la regolarizzazione dei rapporti, guidata quindi dalla famiglia e dalla comunità più in generale. Diventando il tribunale ecclesiastico luogo deputato a giudicare e a dirimere le controversie matrimoniali, nonché luogo in cui si discute dell'onore delle donne, i contenuti di cui si sostanziava il codice morale comunitario subiranno progressivamente una trasformazione, secondo i nuovi parametri tridentini.

In sostanza, nei casi di mancata promessa per disparità di condizione sociale vanno fatte due considerazioni. La prima, che è relativa ai casi più frequenti, riguarda l'atteggiamento maschile: gli uomini che occupavano un gradino più alto nella scala sociale, approfittavano senz'altro delle fanciulle che lavoravano a servizio lontane dalla casa paterna, o povere, oppure orfane, offrendo loro vane promesse matrimoniali. La seconda, invece, ci spinge a pensare che non sempre le donne venissero ingannate, ma che talvolta erano loro stesse a tentare di migliorare la loro sorte attraverso un matrimonio vantaggioso, specie perché, completamente prive di beni e di dote, non avevano molte possibilità di sposarsi altrimenti convenientemente.

In questo caso però, gli elementi che affiorano dalle testimonianze sono tutt'altro che ambigui. Se la donna è veramente conosciuta come donna disonesta e di malaffare, nessuno della comunità la sostiene e il giudizio negativo su di lei è unanime. È ciò che accade a Magdalena Antonij di Sclaunico, nel 1593:[5] viene giudicata donna disonesta da tutti i testimoni, in quanto trasgressiva del codice

[5] ACAU, Cause matrimoniali, *Processus, Magdalena quondam Ioannis Antonii de Sclaunico cum Sebastiano Stephani Tavan de dicto loco*, 1593.

morale della comunità. Il fatto che i compaesani la presentino come pubblica meretrice e che non si sia creata la pur minima consueta coalizione di vicinato e parentela attorno a lei per difenderla, lascia intendere che avesse intentato causa contro Sebastiano per motivi di interesse. Nelle deposizioni, infatti, il biasimo nei confronti di Magdalena sembra essere senza soluzione di continuità. Un teste dice che è una donna

> "malfamata che di sua propria bocca ha confessato a diverse persone che sono pochi gioveni di quella villa, alli quali essa non habbi visto il membro virile et toccato anchora disonestamente";

un'altra teste dice di sapere che

> "lei veniva a Udene spesso et si faceva lavorare da diverse persone, et che lei non voleva star a mangiar pan di sorgo et bever acqua, ma che voleva venir a Udene a magnar et bever di buono et guadagnar dei soldi".

Promesse senza testimoni

Nei casi in cui vi erano condizioni economico-sociali diverse, si deve tener presente l'eventualità del calcolo da entrambe le parti e il pregiudizio sociale che vede la comunità ostile a chi tenta di salire socialmente. Non si può dire però la stessa cosa delle unioni che avvenivano tra giovani della stessa estrazione sociale, ad esempio servitori che lavoravano nella medesima casa e contadini di umile condizione. Tali unioni si realizzavano grazie ad uno scambio di promessa matrimoniale senza il supporto di alcun rituale, né di testimoni. Contrariamente a quanto accadeva alle giovani nobili o benestanti, le quali erano sottoposte ad un continuo e rigido controllo, per le contadine o le lavoranti esisteva una maggiore elasticità, determinata dal fatto che i mondi maschile e femminile erano a diretto e quotidiano contatto. Da un punto di vista strettamente morale, non erano più libere dal rispettare il codice imposto dall'organizzazione sociale, ma con maggiore facilità e molto più frequentemente incorrevano in situazioni trasgressive.

Le promesse che avvenivano in privato tra i due soli giovani erano destinate ad essere il preludio di un amore sventurato. In sede di processo, infatti, la donna affermava di aver protestato per la mancanza dei garanti della promessa avvenuta e di aver insieme auspicato una ratifica futura in presenza dei parenti. Di contro, l'uomo riusciva solitamente a convincerla che Dio era un testimone, oltre che sacro, sufficiente e più che attendibile. Così, Antonia Molendinari di Forgaria, nel 1600, racconta che lei avrebbe voluto farsi promettere e toccar la mano davanti al curato, ma che Antonio Molendinari di Cormino non volle.[6] La promessa, infine, avvenne privatamente tra i due giovani e Antonio, alla domanda del giudice "perché fu fatto il matrimonio senza che si pubblicasse in Chiesa", motiva questa sua scelta dicendo che dalle sue parti, in montagna, si usava fare così. Se lui veramente credeva nel valore della promessa scambiata da soli in privato, perché allora si era rifiutato di farla davanti ai testimoni? Perché ha abbandonato Antonia come se fra loro non ci fosse stato alcun vincolo? Certamente, nel momento in cui si incrina il rapporto con Antonia, le norme tridentine lo sollevano da ogni responsabilità.

Vediamo, nel 1612, la storia di Hellena Cesarina di Udine che lavora come fantesca.[7] Dominico Simonis e Hortensia stanno per contrarre matrimonio secondo le norme della Chiesa, quando Hellena fa sospendere le pubblicazioni in corso, rivendicando una promessa matrimoniale precedentemente fattale dal suddetto Dominico. La promessa era avvenuta privatamente, perciò nessuno può confermare in tribunale quanto sostiene la giovane. Nei *capitoli* presentati, Hellena racconta di aver ricevuto più volte la promessa da Dominico

---

[6] ACAU, Cause matrimoniali, *Processus, Antonia filia Leonardi Molendinari de Forgaria cum Antonio filio Valentini Molendinari de Cormino*, 1600.

[7] ACAU, Cause matrimoniali, *Processus, domina helena Cesarina quondam Ioannes de Utino cum Domenico Simonis a Cino de dicto loco*, 1612.

con giuramento, dopo aver chiamato Dio come testimone. Inoltre, in segno di matrimonio, lui le aveva donato "una medaglia di corona e sotto la promissione di matrimonio già capitulata, Domenego aversario ha havuto comertio carnale con la producente et la ha deflorata".

Dal processo emerge che, avendo intenzione di lasciare la giovane e temendo di essere denunciato da lei, Domenico aveva ratificato la promessa, assicurandole che non l'avrebbe mai lasciata. Quando lei scoprì che Dominico stava per sposarsi con rito religioso con un'altra donna, lo denunciò. A lui non rimane che la diffamazione: dice, infatti, che la madre di Hellena era pubblica meretrice, che Hellena stessa un tempo era stata licenziata dalla casa in cui lavorava per "atti dishonesti e cattivi portamenti", che per molto tempo aveva fatto l'amore con un altro uomo. Hellena è però circondata da una schiera di testimoni che parla bene di lei, la considera buona e onesta, e ha sempre creduto che lei e Dominico si frequentassero come marito e moglie. Parla una teste:

> "noi altri vicini che conoscevamo la bontà della producente, vedendo la maniera di proceder di Dominico con lei, comunemente l'habbiamo tenuto per suo marito et per tale lo havemo tenuto et reputato."

Un altro vicino, chiamato a testimoniare dice che

> " è vero che Domenigo ha fatto l'amore con la producente per molti anni nel modo che fanno li giovani da bene che hanno pensiero di maritarsi…io ho veduto detto Domenigo venir a far l'amor con lei et di giorno et di notte et ad ogni hora che li piaceva, et in casa et in strada, salutandola, *parlandoli et facendo quei atti che sogliono far l'innamorati di questa città*." [8]

Molti altri sono i testi che assicurano d'aver creduto che Hellena e Dominico fossero promessi e perciò accettavano i loro atteggiamenti affettuosi proprio in base a tale convinzione. Nonostante ciò, veri e propri testimoni presenti al momento della promessa non ce ne sono.

---

[8] Il corsivo è mio.

E qualora ce ne fossero stati, la promessa ricevuta da Hellena sarebbe comunque risultata inconsistente, paragonata al matrimonio religioso che Dominico stava per contrarre con Hortensia. Forse, il riconoscimento dell'avvenuta promessa avrebbe aiutato la giovane a non perdere l'onore, come sostiene una teste: "io vorrei che la producente guadagnasse, acciò non restasse infamata per questa cosa". Invece, la sentenza, emessa dal tribunale ecclesiastico nel 1613, dichiarò che Dominico fosse licenziato da qualsiasi obbligo nei confronti di Hellena.

Cattarina Fabro e Dominico Danielis[9] lavorano entrambi a servizio in casa di un certo Zuane Sirena, a Gemona, e, "stando ambidui a servizio di detto signor Zuane, esso Domenego ricercò Cattarina di matrimonio". Nella deposizione della giovane, si racconta:

> "prima che detta Cattarina si contentasse di dar fede di matrimonio a detto Domenego, essa hebbe a dire che voleva conferir questo negotio con li suoi et haverne licenza, al che rispose esso Domenego et disse che un suo frattello non haveva dimandato li suoi et che ancho lui non voleva che si facesse altro, et doppo haver chiamato Dio per testimonio et la Vergine delle Gratie, essa Cattarina contentò di congiungersi con detto Domenego rispondente, come in effetti si congiunse et con lei hebbe comertio carnale".

Domenico non nega di aver avuto copula con la giovane, innanzitutto perché ha avuto da lei una figlia che, a detta di tutti, gli è molto somigliante e, in secondo luogo, perché il fatto era di dominio pubblico. L'uomo però nega energicamente di aver fatto promessa di matrimonio e di essersi congiunto con Cattarina sotto tale giuramento. Nei casi in cui la promessa avveniva in assenza di testimoni, era comune che l'uomo negasse con ostinazione le affermazioni della donna. La nota caratterizzante dell'andamento di questi processi è infatti costituita da una netta antitesi delle versioni:

---

9 ACAU, Cause matrimoniali, *Processus, Cattarina filia magistri Ciani Fabri de Glemona cum Dominico Danielis a Valle de dicto loco*, 1626.

lei afferma di aver ricevuto la promessa, lui ricusa ogni responsabilità.

Ci sono casi in cui i due servitori, amanti, nonostante il tentativo di mantenere segreta la relazione, venivano scoperti dal padrone e costretti a ratificare la promessa in sua presenza. Il padrone si sostituiva d'autorità al controllo familiare assente ed interveniva nelle faccende dei due giovani, come avrebbe fatto un genitore per salvaguardare l'onore della figlia. Grazie a questo intervento anche la comunità veniva immediatamente a conoscenza del fatto e poteva schierarsi a difesa della parte colpita e più bisognosa di protezione.

Un testimone parla della promessa che si scambiarono Ioannina Decano di Gregliano e Dominico Carnei di Tricesimo, nel 1623:[10]

> "si diceva pubblicamente [...] che havevano da far insieme carnalmente et dormivano in compagnia in casa del signor Mario dove servivano tutti doi et che il signor Mario [...] ritrovò in compagnia una mattina in camera insieme Domenico e Ioannina; esso fece che Domenico li tocasse la mano, come gliela toccò, et promise di pigliarla per moglie".

Inizialmente Domenico nega l'accaduto, ma poi è costretto a cambiare la propria versione; ammette di aver fatto la promessa, ma di averla fatta "per forza, per paura et pericolo della vita". Confessa infatti che il padrone, essendo venuto a conoscenza della relazione tra lui e Ioannina, fece in modo di scoprirli insieme nella stanza, di notte, dove entrò

> "armato egli d'archibuso et spada, et disse ad esso producente che dovesse prometter di sposar detta Zuanina altramente l'havarebbe ammazzato [...] ciò udito da detto Domenego pauroso che non le fusse cacciata la spada nei fianchi o altrimenti offeso, promise ad essa Zuanina tutto tremante di pigliarla per moglie."

---

[10] ACAU, Cause matrimoniali, *Processus, Ioannina filia quondam Hieronimi a Decano de Gregliano cum Domenico figlio magistri Antoni Carnei de Tricesimo*, 1623.

Nonostante Domenico abbia esagerato nel presentare gli avvenimenti, egli aveva realmente fatto promessa di matrimonio a Ioannina. È presumibile che, nei casi di promessa senza rituale, la donna di proposito facesse in modo di essere "sorpresa" da qualcuno in atteggiamenti inequivocabili, per rendere pubblica la relazione.

Anche nel caso di Natalia Fabiani di Briscia e Dominico Molendinari di Ialmico, nel 1632,[11] si assiste all'intervento riparatore del padrone. Entrambi i protagonisti sono servitori e alcuni giorni dopo che lei aveva cominciato a lavorare in quella casa, sono stati scoperti a letto insieme dal padrone. Questi insistette con veemenza sulla necessità di scambiare una promessa matrimoniale immediatamente. Egli stesso racconta di aver incalzato e minacciato "che altrimenti li haverei fatto dar delle bastonate et li haverei cacciati di casa tutti e dui"; lei fu prontissima a dare il consenso alle nozze, "ma il servitore stette renitente: fu chiamato da basso et con fattiche et con minacce lo fece ritornar di sopra et quasi a forza fece dar il consenso".

Non sempre il padrone, scoperta la relazione tra i suoi servitori, interviene. Maria Pelizone di Forgaria, fantesca, e Dominico Pirisuti, *famiglio,* si erano promessi privatamente (1613).[12] In pubblico mantenevano un contegno che dava ad intendere che fra di loro vi era un rapporto come fra marito e moglie, ma, in realtà, nessuno sapeva se vi fosse stata promessa o meno. Il figlio del padrone racconta di aver visto un giorno Maria "distesa sopra una banca con li panni alzati e sopra lei stava disteso Dominico", ma egli non intervenne per chiedere loro spiegazioni. Perciò, in sede di processo non si poté stabilire se i due giovani si erano scambiati il consenso, come sosteneva strenuamente Maria.

---

[11] ACAU, Cause matrimoniali, *Processus, Natalia filia quondam Fabiani de Briscia cum Dominico filio Iacobi Molendinarij de Buia incola Ialmici*, 1632.

[12] ACAU, Cause matrimoniali, *Processus, Maria Pelizone de Furgaria cum Dominico Pirisuti de dicto loco*, 1613.

Nessuno ugualmente può dire se sia veramente avvenuta la promessa tra Thomasia Longhini di Montanaro e Ioanni Blanca di Stalis (1632),[13] i quali si scambiarono la fedeltà di matrimonio mentre erano al pascolo con gli animali, in montagna. Non si scambiarono alcun dono in segno di promessa, né mai alcuno al villaggio fu al corrente di tale fatto. Ioanni, infatti, aveva raccomandato più volte a Thomasia di tacere e di non raccontare a nessuno del loro legame. Una volta scoperti, pretese che lei continuasse a negare che tra loro c'era stata promessa, ma Thomasia, stanca e ormai sospettosa di tanta ostinazione nel voler mantenere il segreto, racconta pubblicamente ogni cosa e lo cita in tribunale. La reazione del giovane si concentra, ancora una volta, sulla diffamazione: sostiene che lei ha frequentato altri uomini e declina ogni responsabilità nei confronti di Thomasia. Mancando i testimoni, casi simili rimangono irrisolti e la verità è condivisa esclusivamente dai protagonisti. Da un punto di vista giuridico, il tribunale non può che affrancare da ogni obbligo l'uomo denunciato, senza offrire alla donna alcuna riabilitazione sociale.

Un esempio di controllo familiare: i processi per "vim et metum"

Nonostante le indicazioni conciliari affermassero la necessità del consenso spontaneo dei coniugi nel contrarre i matrimoni, per i ceti nobiliare e borghese era invece consuetudine organizzare ed imporre tali unioni senza particolare riguardo al consenso dei figli. La ragione preminente di simili iniziative trova spiegazione nel meccanismo di trasmissione della proprietà e nell'organizzazione economica e patrimoniale. Nel contesto sociale qui preso in esame, di regola non si verificano pressioni familiari significative nella scelta del coniuge. Ciò non vuol dire che negli strati sociali bassi o medio-bassi non

---

[13] ACAU, Cause matrimoniali, *Processus, Thomasia filia quondam Francisci Longhini de Montanaro cum Ioanni filio Ioanni a Blanca de Stalis*, 1632.

esistesse un controllo da parte delle famiglie o una completa libertà dei figli, anzi l'importanza e la considerazione in cui sono tenuti i genitori emerge chiaramente anche dai documenti di questo fondo giudiziario. Tuttavia, i casi di gravi ingerenze familiari nella scelta del consorte, o di matrimoni coatti, benché presenti, sono molto limitati. Solamente cinque su centodiciannove sono, negli anni presi in considerazione, i processi intentati per annullare matrimoni contratti senza il libero consenso dei contraenti, cioè i processi per *vim et metum*.

I processi per matrimoni contratti contro la volontà di una delle due parti in causa sono intentati per far dichiarare la loro nullità. È del 1591 il processo in cui si racconta la storia di Antonia Michilizza di Montiaperto e Matthia Thibez di Ramandolo.[14] Antonia sostiene che non avrebbe voluto in alcun modo sposare Matthia, ma che gli zii, forzandole la mano per costringerla a toccare quella di lui, riuscirono a far celebrare il consueto rituale della promessa. Seguirono quindi le pubblicazioni in Chiesa, correttamente fatte durante la Messa per tre feste consecutive; infine, nel cortile della casa maritale, il sacerdote sposò i due giovani, benché alle domande di rito lei rispondesse sempre negativamente. Dopo aver vissuto due mesi con Matthia, senza acconsentire alla consumazione, Antonia scappa di casa. Nella deposizione racconterà che era stata portata a Ramandolo in lacrime, perché temeva che "i suoi barbani la battessero come l'avevano già battuta perché non voleva Matthia". È ancora Antonia a denunciare che anche il sacerdote l'ha forzata infilandole un anello al dito, mentre lei, per l'intera durata della cerimonia, piangeva e si teneva il viso coperto da un *fazzuolo*.

Allo stesso modo, il matrimonio tra Ioannina Bozie di San Daniele e Ioanne Theutonico è forzato dall'autorità dei parenti.[15] Siamo nel

[14] ACAU, Cause matrimoniali, *Processus, Antonia filia quondam Leonardi Michilizza de Montiaperto cum Matthia Thibez de Ramandulo*, 1591.

[15] ACAU, Cause matrimoniali, *Processus, Ioannina Bozie de S. Daniele cum Ioanne Theutonico*, 1596.

1596, ma la storia risale a trenta anni prima, quando lei faceva l'amore con un giovane che si chiamava Francesco Rossi e che amava molto. I parenti temevano che, sotto promessa di matrimonio, i due avessero copula carnale e che, essendoci tra loro disparità di condizione sociale, lui l'avrebbe abbandonata, procurando così vergogna e disonore a tutta la famiglia. Così, per por fine al rapporto con Francesco, la costringono a sposare un tal Ioanne, detto il Tedesco, poiché aveva lavorato in Germania. Obbligano quindi Ioannina a toccare la mano del Tedesco in segno di promessa e lui, con la forza, le infila un anello; appena libera, lei lo toglie, lo getta a terra e scappa nella sua stanza. Si rifiuta di vederlo, e tanto meno si è mai lasciata toccare da lui. Dopo un po' di tempo Ioanne lascia il paese e da allora nessuno ha più avuto sue notizie. Trascorsi tutti questi anni, finalmente Ioannina e Francesco vogliono sposarsi, ma devono prima avere la dichiarazione che quel matrimonio per *vim* è nullo.

Un altro caso di matrimonio forzato ci è fornito dalla storia di Andriana Vigo di Azida, del 1602.[16] Per l'intensità della descrizione, riportiamo per intero la sua deposizione, in cui la donna racconta come avvenne questo matrimonio e il suo tentativo di sottrarsi alle ingiunzioni dei familiari:

> "io vi contarò il fatto come fu se volete ascoltarme; cui dictum, volentieri; disse, già 25 anni la settimana di carnevale mio barba, messer Paolo Strazolino et la quondam mia madre, mi dissero volermi dare per marito Iuvan Cocianigh di Varnassino; io li dissi non lo voglio a modo alcuno, et più presto anderò a negarme nel fiume Natisone [...] pochi giorni di poi viensero il quondam messer Baptista Brusadola, il Scolaborsa et messer Antonio Strazulino, mio cugino et con loro detto Iuvan per farmi toccar la mano; io visti, scampai giù per la scala [...] il detto messer Brusadola mi corse drio, mi gionse, et per forza mi portò in la camera ove erano li detti per farmi toccar la mano. Io tenendo sempre la man serata, et mai l'apersi per toccar la sua, non

---

[16] ACAU, Cause matrimoniali, *Processus, Ioannis Cocianigh de Vernasino in Sclabonibus cum Marina et Agnete eius filiabus*, 1602.

ostante che li altri presenti ne le voleva congionger, dicendo, lo vostu, io sempre rispondendo: ma al santi Vangel no, che mai lo tiorò".

Benché Andriana si opponga fermamente, la madre e lo zio, che rappresenta, per lei orfana, l'autorità paterna non recedono:

> "mi fecero andar in Chiesa, ove erano il reverendo curato, il reverendo capellano et detto Iuvan, quando io li ho visti restai meza morta, il reverendo curato mi disse se io lo voleva per marito, io li risposi alta voce non lo voler, et giurai al sancti Dei guangeli di no [...] mi fecero por in ditto l'anello contro mio volere, et poi mi condussero in Vernassino in casa di detto Iuvan, non credo stessi tre giorni, che li scampai et viensi in casa di mia madre, et riportata da parenti pur la su, due o tre volte sempre fei il simile, et mai ha toccato la carne mia in atto matrimoniale, et questo perché io mai li acconsentij".

Andriana scappò infine definitivamente; trascorse un po' di tempo nascosta nei boschi per non farsi vedere dalla gente, finché si rifugiò in Azida nella casa di Andrea Perat, con il quale convisse venticinque anni e da cui ebbe "sei figlioli maschi et una putta". Per questa sua condizione peccaminosa di concubina, il pievano non l'ha mai voluta comunicare, "se non ora perché io stava mal a morte". Finito l'interrogatorio, vediamo cosa dicono il pievano e gli inquisitori presenti in casa al capezzale della donna in fin di vita:

> "madona, sempre stando così vivete in peccato mortale per esser moglie d'un altro, però quanto prima levatevi di qua et separatevi da costui, altrimenti la santa chiesa li provvederà et morendo non sarete sepolta in sacrato et l'anima vostra andarà a casa del diavolo; respondit piangendo, io son pronta ad obedire et far quel tanto mi è concesso, ma io non posso andar se non son portata, et ove io non so".

Per il fatto di essersi in gioventù ribellata ad un matrimonio, cui era stata costretta dai parenti con il beneplacito del pievano, Andriana sembra non si possa riscattare nemmeno dopo trent'anni. Se non rinuncia a ciò che ha nella vita terrena, il suo uomo, i figli, la casa, sarà punita severamente nella vita eterna. Lo stesso anno Andriana muore e Ioannis può sposare la sua concubina previa una pubblica penitenza, in quanto "il peccato è pubblico, et non è convenienza che si scorra senza qualche demonstrazione di penitenza pubblica prima che si venga alla denunciatione del matrimonio". Nella lettera inviata al vicario curato della chiesa di S. Pietro degli Schiavoni di Vernassino dal Vicario Foraneo Patriarcale, con la quale si concedeva la licenza a fare le pubblicazioni di matrimonio, si indica l'entità della penitenza:

> "prima che si venghi al contratto farà esborsare in mano de Camerari della Vostra Chiesa Parochiale lire cento, che tanto è condannati...per penitenza del continuato concubinato, di tanti anni, et tanto eseguirete et mi raccomando alle vostre orationi".

Ci sono poi dei casi in cui l'imposizione dei genitori non si verifica per questioni morali o di salvaguardia dell'onore della fanciulla da marito, né per questioni dotali o di interesse, ma risulta una violenza che il padre, in nome della sua autorità, riversa sui figli, pretendendo da loro obbedienza. In un processo del 1631,[17] Lucietta Pinae di Corbolons racconta che prese Iacobo Stephanutto per marito alla giovane età di dodici anni, "per forza et timore del padre et madre". Infatti, il padre la minacciava con uno *stile* se lei non avesse obbedito ai suoi ordini. Ora che il padre è morto, Lucietta può ricorrere al tribunale per liberarsi di questo matrimonio. Anche la madre può finalmente dire la verità: chiamata a deporre, conferma la versione della figlia, che lei non voleva Iacobo,

> "anzi che quando fu sul farli toccar la mano a concluder il matrimonio, che detto Iacobo li voleva metter l'annello in dito, essa lo lasciò cadere in terra, et non si curò neanco di di tiorlo, lo tiolse su un'altra donna et glieli diede in mano, ma lei anco per questo non vel pose in dito".

---

[17] ACAU, Cause matrimoniali, *Processus, domina Lucietta Pinae de Corbolons cum Iacobo Stephanutto dicto Buiae de dicto loco*, 1631.

Inoltre

> "essa davanti il prette non volse mai dir de sì di voler pigliar Iacobo per marito".

Un teste, che faceva il servitore in casa di Lucietta e che era a conoscenza dell'intera vicenda, testimoniò in tribunale

> "che lei li disse [ai genitori] che per far a loro modo et per obedirli l'haverebbe tiolto, ma che mai sarebbe stata contenta".

Il processo del 1643, tra Cattharina Masutto di Sacile e Iacobo Galvano, come gli altri, è stato istruito per ottenere la dichiarazione di nullità di matrimonio contratto per *vim et metum* e che, in più, ha causato un importante equivoco. Poco tempo dopo il matrimonio, Iacobo fu processato per furto e bandito da Sacile. Per molti anni non si seppe alcunché di lui; finalmente un giorno pervenne a Cattharina una lettera, in cui le si diceva che Iacobo aveva fatto il soldato a Palma e che era morto. Così lei si risposò con un tal Pietro e, a conferma dell'avvenuto matrimonio, celebrato secondo le regole e registrato nel libro parrocchiale, il sacerdote che li aveva sposati presenta in tribunale una copia "dal libro del matrimonio", in cui si attesta che quanto racconta la producente corrisponde a verità:

> "ottenuta da monsignor illustrissimo e reverendissimo patriarca la dispensa dalle solite publicationi con l'assistenza al matrimonio in casa furno per verba de praesenti congionti in legitimo matrimonio nella casa del predetto signor Pietro dal molto reverendo monsignor arciprette essendo presenti dui testimonij".

In realtà Iacobo, il primo marito, non è morto e si ripresenta improvvisamente a casa, da cui il processo. Si tenta così di dimostrare che il primo matrimonio è stato forzato dalla madre che minacciava Cattharina "di volerla abandonare et partir di Sacile, lasciandola raminga et destituita d'ogni aiuto [...] et non essendo sufficienti le minacce si risolse passar alle battiture". A quel punto

Cattharina cedette e fu la povera figliola ridotta dalla madre allo "sponsalitio". Molti testimoni confermano che, quando la fanciulla venne condotta alla chiesa parrocchiale, si ritirò in un confessionale in lacrime, dicendo di non voler sposare Iacobo; altre donne depongono d'aver udito Cattharina ripetere "mia madre mi vuol dare questo uomo, intendendo di Iacobo Galvano, et io non lo voglio a nessun modo". Con il proseguire delle indagini, si scopre che la madre, rimasta vedova, voleva sistemare altrimenti la figlia per poter andare a lavorare a servizio ad Aviano. Il matrimonio della figlia era dunque funzionale alla sua partenza, perciò la minacciò d'abbandono se non avesse accettato di sposare Iacobo.

Fatta eccezione per i casi in cui l'ingerenza dei genitori si manifesta in termini estremi, spesso comunque si verifica che i giovani si promettano con la "conditione" che siano contenti i genitori.

In un processo del 1600,[18] Antonia Molendinari di Forgaria racconta che suo padre le chiese se voleva Antonio per marito, e lei rispose che "se i genitori si contentavano, anche lei si contentava". Ioanni Baptista Macchetto di Udine,[19] nel 1608, dopo aver fatto l'amore per "alcun tempo" con Sancta Casaroli, le chiese di accettarlo per marito; lei rispose che si *contentava* ma che se suo padre non fosse stato contento, non si sarebbe concluso nulla. Lui racconta che le mandò "per persona sicura una fede d'oro per caparra et segno di matrimonio fra loro" richiedendola per moglie. Lei accettò ribadendo contemporaneamente la condizione che aveva posto. Infatti, alcuni giorni dopo, sempre per interposta persona, gli restituì la fede, in modo da comunicare la disapprovazione del padre.

---

[18] ACAU, Cause matrimoniali, *Processus, domina Cattharina Masutti de Sacile cum domino Iacobo Galvano eius marito*, 1643.

[19] ACAU, Cause matrimoniali, *Processus, Antonia f. Leonardi Molendinarij de Forgaria cum Antonio f. Valentini Molendinarij de Cormino*, 1600.

Complessivamente, questi casi mettono in luce l'importanza e l'influenza dei genitori sulla scelta del coniuge, oppure sul mantenimento di una promessa matrimoniale fatta, ma sulla quale, ad esempio, il padre non è d'accordo. In effetti è solitamente lui a dare il beneplacito o il divieto a seconda di ciò che giudica opportuno. Nel caso in cui una fanciulla sia orfana di padre, il controllo passa nelle mani della madre, affiancata però di norma dallo zio, che assume un ruolo decisivo. Egli è presente quando si devono trattare le questioni matrimoniali e diventa il referente principale per concordare un matrimonio. Di rado è la madre ad assumersi la responsabilità di una decisione definitiva. Solitamente, la madre può approvare una relazione, favorire gli incontri intimi tra i giovani promessi, ma ciò avviene ad un livello confidenziale, di partecipe complicità.

I casi di matrimonio per *vim et metum*, abbiamo rilevato, sono pochi. L'influenza dei genitori non si esercita quindi, di regola, in termini di potere e prevaricazione. Al contrario, l'autorità dei padri, in relazione alle questioni matrimoniali, là dove non ci sono patrimoni da difendere, lascia posto a sentimenti di tolleranza e di liberalità, e sembra un'autorità fiancheggiata dall'opinione di altre persone della famiglia (la madre, i parenti) e, più in generale, del villaggio.

Meraviglia e artificio: la voce dei semi-viri fra sacro e profano

di Federica Barbo

La voce del cantore

La trasmissione della parola divina ai fedeli nelle nascenti comunità cristiane si fonda su un principio di preservazione del testo. Consiste nella presentazione del testo sacro tramite melodie di carattere recitativo; l'intelligibilità è garantita dalla lettura ad alta voce, indirizzata ad un gruppo di uditori.

Le prime comunità cristiane si avvalgono del metodo di lettura in uso negli offici giudaici della sinagoga: la cantillazione, stile di esecuzione vocale intermedio fra la declamazione e il canto.

Il rituale delle prime comunità cristiane prevede, oltre alla cantillazione, la salmodia, specifica cantillazione dei Salmi. Ciò che distingue la salmodia dalla cantillazione non è la modalità di emissione vocale ma il tipo di testo al quale essa si applica.

Nei Salmi il testo è in versi e non più semplicemente in prosa come nel resto delle scritture; la nozione di verso introduce il concetto di ritmo. Tale organizzazione ritmica sollecita la partecipazione dell'uditorio; diverse modalità responsoriali fanno sì che alla voce del cantore si alterni il canto all'unisono del gruppo dei fedeli. La salmodia non ha come funzione essenziale la trasmissione di un messaggio, bensì la proclamazione di una lode, di una preghiera rivolta all'Altissimo, proclamazione guidata dall'officiante, ma sostenuta dall'intera comunità dei fedeli riunita nell'assemblea celebrativa.[1]

---

[1] M. Poizat, *La voix du diable. La jouissance lyrique sacrée*, éditions Métailié, Paris 1991, pp. 21-24.

Parallelamente al canto dei Salmi si sviluppa il canto degli Inni, anch'essi canti di lode a Dio tratti dalle Scritture. Parlando di canto responsoriale si presuppone l'esistenza di un'assemblea di fedeli destinata a scandire una serie di elementi semplici, sotto la guida di un personaggio al quale è attribuito il ruolo di garante della dignità dell'officio sacro. Tale personaggio coincide inizialmente con la figura del lettore.

Nei documenti risalenti al III secolo infatti non viene contemplata l'esistenza di un cantore che si occupi in maniera esclusiva degli aspetti musicali della celebrazione sacra, è invece il lettore a ricoprire il duplice ruolo di lettore - cantore.

È nel corso del IV secolo che la questione si precisa: da un lato si accresce l'importanza del lettore, dall'altro appare per la prima volta la figura del cantore.[2] Un fedele, o un chierico si stacca dalla

---

[2] Cfr. S. Corbin, *L'église à la conquête de sa musique*, Gallimard, Paris1960, pp. 150-171. Cfr. altresì Karl Baus, Eugen Ewig, *L'epoca dei concili (IV-V secolo),* in H. Jedin (a cura di), *Storia della chiesa*, Jaca Book, Milano 1983, vol. II, pp. 295-335: "E' effettivamente comune nel IV secolo la suddivisione del clero in due gruppi, che Innocenzo I indica come *clerici superioris* e *inferioris ordinis*. Al primo appartengono chiaramente vescovi, presbiteri e diaconi, la cui consacrazione è riservata esclusivamente ai vescovi ed il cui rango particolare è riconosciuto anche dalla legislazione statale. I gradi inferiori, invece, restano sottoposti a forti variazioni, sia nel numero sia nella valutazione ed anche per quanto riguarda la sfera dei loro compiti. I gradi inferiori nominati più frequentemente dalle fonti sono il suddiaconato, l'accolitato, l'esorcistato, l'ostiariato e il lettorato; ma né essi sono effettivamente esistiti in tutte le comunità locali né il passaggio al grado superiore è legato strettamente all'esercizio di quello precedente; e neppure una volta è possibile verificare una concordanza sul fatto che ognuno dei gradi citati rappresenti in realtà una carica ecclesiastica. Il primo grado della carriera ecclesiastica fu giudicato solitamente il lettorato, di cui spesso nel IV secolo venivano investiti già dei ragazzi che sembrassero adatti alla vita religiosa. In origine il lettore era incaricato di leggere la Scrittura durante la funzione sacra, e più tardi anche di cantare i salmi. L'Oriente distingue gradualmente il cantore dal lettore, senza tuttavia riconoscergli per la sua funzione una particolare ordinazione, mentre a Roma il coro durante la funzione sacra era formato da lettori. Dato che la funzione del lettore presupponeva una certa cultura, questo grado fu considerato per lo più come premessa per

comunità e si consacra più specificamente alla parte lirica della celebrazione cristiana. Costui va chiaramente differenziandosi dal lettore, la cui funzione, come si è detto, prima dell'istituzione della figura del cantante professionista, veniva spesso confusa con quella del cantore. Si delineeranno sempre più non soltanto le rispettive funzioni, ma soprattutto i rispettivi statuti: il lettore tenderà sempre più a situarsi nella sfera ecclesiastica, mentre il cantore acquisterà un carattere marcatamente profano. In quanto esperto della gestione di uno strumento di piacere, il cantore incarnerà un personaggio in certa misura sospetto, che sarà necessario tenere costantemente sotto controllo.

Molto velocemente viene a crearsi un'immagine stereotipata di cantore in opposizione alla figura del prete; da un lato un uomo leggermente al di fuori della gerarchia, esonerato da tutte le austerità, alle quali invece deve attenersi il prete, soddisfatto del proprio talento, vanitoso, fiero dei propri lunghi capelli a boccoli. Dall'altro lato il rigore, la rigidità morale, la virtù, la penitenza, la castrazione simbolica manifestata dai capelli corti e dalla tonsura.

Il cantore dunque incarna il versante "piacere" e "potenza" dell'ideale cristiano, in virtù della voce nel registro sonoro, e tramite i capelli lunghi nel registro visuale.[3]

---

l'ammissione ad uno degli ordini più alti." (p. 295). "Anche la celebrazione dell'eucarestia si arricchì nel IV-V secolo di elementi nuovi e si andò sempre più avvicinando, attraverso il suo processo evolutivo nei particolari, alla configurazione della "messa". In un primo momento il servizio della parola di Dio con le sue letture (...) ricevette la sua struttura definitiva con l'inserzione, tra quelle, di testi cantati. Le letture, che iniziavano subito dopo l'ingresso del clero ed il saluto alla comunità, erano tenute dal *lector* e poi dal diacono (vangelo) ed il salmo che era inserito tra di esse veniva cantato dall'ambone da parte di un cantore. Nel salmo fu incluso, con un taglio operato secondo il significato, un versetto recitato dal popolo (*responsum*); nel primo canto esso era preso dal salmo stesso, nel secondo è costituito dal versetto dell'alleluja, che introduce al vangelo. Nel territorio di Antiochia si sviluppò a questo punto il canto antifonale, in cui il popolo, diviso in due cori, cantava alternativamente i versetti del salmo." (p. 323).

[3] M. Poizat, op. cit., pp. 119-122.

Sino all'epoca di Gregorio Magno, la Chiesa d'Occidente non ha conosciuto un cantore canonicamente designato; ciascuna Chiesa vantava infatti delle consuetudini particolari che avrebbero trovato la loro espressione all'epoca di Gregorio I (590 – 604 d.C.) e Isidoro di Siviglia (560 – 636 d.C.). A quest'ultimo si attribuisce la redazione del primo testo che precisi le modalità di utilizzo e le caratteristiche esigibili dalla voce di colui che impersona il lettore da un lato e il salmista dall'altro, il *De ecclesiasticis officiis*.[4]

Le osservazioni di Isidoro sulle modalità di trasmissione del verbo sacro ai fedeli ad opera del lettore convergono in un esplicito riferimento ai toni alti: bisogna gridare in pubblico, proclamare. Al lettore viene infatti raccomandato di elevare la propria voce come una tromba; la voce del lettore deve inoltre essere semplice e chiara, adattabile ad ogni genere di declamazioni, piena di succo virile e senza niente di femminile. Le raccomandazioni di Isidoro riguardano anche la postura: dotato di un portamento improntato alla serietà, senza movimenti del corpo, il lettore deve rivolgersi alle orecchie e non agli occhi, a degli uditori e non a degli spettatori; da sottolinearsi il riferimento - repulsione nei confronti della teatralità: non gesti come a teatro, ma una semplicità cristiana, in modo da indurre nell'animo dei fedeli la più grande compunzione.

Secondo le indicazioni di Isidoro, la voce del cantante di salmi deve invece servire la finalità di procurare piacere all'uditore: la voce del cantore non dev'essere pertanto né rauca né aspra, né dissonante, ma dolce, orecchiabile, limpida e acuta. All'interno del *De ecclesiasticis officiis* il termine che maggiormente ci interessa analizzare, con Michel Poizat, è proprio quello di voce acuta. È importante infatti sottolineare l'apparizione, in questo testo, del principio di focalizzazione della voce verso l'acuto, che caratterizza tutto il lirismo sacro occidentale e l'arte lirica in generale.

---

[4] Université catholique Louvain la Neuve (a cura di), *Isidorus episcopus Hispalensis: De ecclesiasticis officiis*, Turnhout, Brepols, 1989. Su Isidoro di Siviglia cfr. M. Poizat, op. cit., pp. 122-125 e S. Corbin, op. cit, pp. 180-182.

In virtù della prescrizione di Paolo, che aveva scritto "Come in tutte le Chiese dei santi, le donne nelle riunioni tacciano, perché non è stata affidata a loro la missione di parlare, ma stiano sottomesse, come dice anche la Legge",[5] il cristianesimo aveva sancito l'esclusione delle donne dall'arte sacra e contribuito ad inscrivere la voce femminile nell'ambito della seduzione satanica o addirittura della pericolosità mortale.[6]

Ma come raggiungere l'ideale di voce acuta senza cadere nelle trame della seduzione?

---

[5] Paolo, Corinti, 14, 34-35. La prescrizione paolina, sebbene non riguardi che l'ordine dell'istruzione, e dunque della parola, è stata abbondantemente utilizzata per rinforzare l'ostracismo al riguardo di una partecipazione vocale delle donne in chiesa. L'osservazione di san Paolo si riferisce ad un'elaborazione specifica del rapporto con la parola; non è l'aspetto seduttore e pericoloso della voce femminile ad essere in gioco, ma il lato "parola vuota di senso", "cicaleggio" di donne, che rischia di turbare il buon svolgimento dell'ufficio e l'ascolto fruttuoso dell'istruzione. Questo orientamento all'esclusione entra tuttavia in contraddizione con l'ideale cristiano di unione della comunità dei fedeli che la costituiscono, un ideale costantemente riaffermato dalla volontà che tutti partecipino alla preghiera ad una voce.

Cirillo di Gerusalemme, morto nel 386, dichiara che le donne potevano cantare ma solamente muovendo le labbra, senza proferire alcun suono. Posizione di compromesso tra il timore generato dal fantasma della seduzione della voce femminile e la volontà di partecipazione collettiva di uomini e donne all'atto di pregare e cantare.

Isidoro di Péluse racconta che alle donne era già stato concesso il permesso di cantare, ma esse lo facevano senza semplicità e dando mostra di se stesse; l'autorizzazione pertanto era stata loro revocata. Si trova qui un riferimento alla repulsione nei confronti della teatralità e di nuovo della seduzione.

[6] Agli inizi del VII secolo con Gregorio Magno la musica "si organizza", la liturgia viene riservata esclusivamente agli uomini votati alla castità e ai bambini maschi. I *pueri cantores* ricoprono i registri acuti; essi cantano sotto la direzione dei diaconi e sono i soli ad avere diritto di cittadinanza. Contemporaneamente, le donne vengono escluse dall'arte sacra, viene proibito loro di suonare qualunque strumento e di danzare.

Ed ecco che l'idea di voce angelica prende forma, e con lei la problematica degli agenti più appropriati ad incarnarla: i bambini, i falsettisti, i castrati.

La voce del bambino

La voce del bambino è considerata lecita, proprio in virtù della sua capacità di riprodurre il registro acuto; si aggiunga a questo il legame associativo voce d'angelo - voce acuta o voce alta e tutto l'immaginario d'innocenza e di purezza che fa del bambino lo strumento sognato per incarnare questo ideale angelico. La supposta innocenza del bambino, la presunta non appartenenza ad un genere sessuale, ne fa un'incarnazione ideale della rappresentazione angelica; più il bambino è piccolo, meno è corrotto e più si avvicina all'angelo. Questa associazione bambino - angelo sembra storicamente confermata dal fatto che la Chiesa farà cantare interi cori di voci bianche per realizzare il proprio ideale di una musica fatta a somiglianza dei cori angelici, inneggianti alla gloria divina.

In concomitanza con il fenomeno dei fanciulli cantori si assisterà al fiorire di una gran quantità di maestri di cappella annessi alle cattedrali e alla nascita di numerose scuole di canto episcopale, tra le quali la più celebre sarà la *Schola Cantorum* di Roma, la cui creazione è stata impropriamente attribuita a Gregorio Magno.

La questione dell'origine della *Schola Cantorum* è infatti molto discussa; è tuttavia ormai certo che Gregorio I non ha trovato la *schola* fondata, ma è altrettanto provato che la fondazione di tale istituzione è posteriore al suo pontificato. Gregorio I, tuttavia, con la riforma liturgica ha certamente operato un'azione indiretta, seppure non immediata, sulla fondazione della *schola*.

La prima attestazione solida dell'esistenza di una *schola* risale alla fine del secolo VII; da questo momento in poi possiede una storia, sebbene non abbia uno statuto giuridico vero e proprio sino alla fine dell'VIII secolo.[7]

Tuttavia, le voci infantili mostreranno progressivamente la loro insufficienza nel registro acuto: già a partire dal X secolo, infatti, con l'introduzione dei primi ornamenti nella musica sacra, la tessitura limitata delle voci infantili aveva iniziato a manifestare la propria inadeguatezza nel riprodurre il registro acuto. Si aggiunga a questo l'emergere di altre due problematiche a sfavore dell'impiego delle voci infantili: se da un lato la mutazione della voce durante il periodo della pubertà lasciava continui vuoti tra le file dei *pueri cantores*, dall'altro mancava alla voce dei fanciulli l'irrinunciabile caratteristica di potenza di emissione.

L'insufficienza delle voci infantili si manifesterà nella sua interezza soltanto con le prime fortune della polifonia e l'introduzione della figura del solista nel corso del XVI secolo.

Per riprodurre il registro acuto della voce si ricorrerà allora inizialmente all'impiego di falsettisti che adempiranno alla funzione loro affidata avvalendosi di una voce "falsa", formata dal cosiddetto registro di testa.[8]

Bisogna segnalare che, se nell'ambito della Cappella Pontificia i soprani artificiali saranno ben presto soppiantati dai castrati, il registro grave verrà ancora per lungo tempo ricoperto da contralti artificiali.

---

[7] Cfr. S. Corbin, op. cit., pp. 172-189. Cfr. altresì *Enciclopedia cattolica*, Ente per l'Enciclopedia cattolica e il libro cattolico, città del Vaticano 1949-1954, alla voce *canto*, a cura di G.M. Sunol, vol. III, pp. 630-643 *Gregorio I*, a cura di B. Pesci, vol. VI, pp. 1112-1126.

[8] R. Celletti, *Sopranisti e contraltisti*, in "Musica d'oggi. Rassegna di vita e di cultura musicale", II, n.6, giugno 1959, pp. 245-250.

La musica liturgica al concilio tridentino

All'interno dell'opera di riforma ed unificazione della liturgia, il Concilio di Trento prenderà in esame anche la problematica della musica liturgica. Nella sessione XXII del 1562 le norme dettate erano piuttosto incerte:

> "*Ab ecclesiis vero musicas eas, ubi sive organo sive cantu lascivum aut impurum aliquid miscetur, item saeculares omnes actiones, vana atque adeo profana colloquia, deambulationes, strepitus, clamores arceant, ut domus Dei vere domus orationis esse videatur ac dici possit.*"[9]

Nonostante la problematica della funzione della musica in ambito liturgico venisse nuovamente discussa nella sessione XXIV del 1563 e nella seduta conclusiva, anche gli atti definitivi furono caratterizzati da una certa genericità. Prevedevano, infatti, la delega ai concili provinciali della promulgazione di norme specifiche: i padri conciliari affidarono a commissioni di specialisti il compito di elaborare i dettagli delle riforme da effettuare, riguardanti innanzitutto i libri di canto liturgico ed il cerimoniale dei vescovi. È in quest'ottica che, rendendo concrete le indicazioni del sinodo, si realizzò una revisione del Messale nel 1568 e del Breviario nel 1570. La conseguenza più evidente dell'opera riformatrice in ambito musicale, alla quale diede un notevole contributo il Palestrina, fu

---

[9] G. Alberigo, G. A. Dossetti, Perikle, P. Joannou, C. Leonardi, P. Prodi, (a cura di), *Conciliorum oecumenicorum decreta*, Istituto per le scienze religiose, Bologna MCMLXXIII, *Concilium Tridentinuum*-1545-1563, Sessio XXII, 17 sept. 1562, *Decretum de observandis et evitandis in celebrazione missarum*, v. 6-10, pp. 736-737: " Saranno banditi dalle chiese tutti i tipi di musiche in cui , sia sull'organo, sia nei canti, si mescoli qualche cosa di lascivo e di impuro (…)". Cfr. altresì H. Jedin, *La conclusione del Concilio di Trento*, Studium, Roma 1964, pp. 59-60: "Il decreto di riforma sulla liturgia della XXII sessione si limita alla proibizione di ciò che è "lascivo o impuro" nell'organo e nei canti.(…) L'arte di Palestrina e di Orlando di Lasso, che allora stava fiorendo nello spirito della riforma cattolica, ebbe via libera."

[10] Una quinta sequenza, *Stabat Mater Dolorosa* di Jacopone da Todi, fu introdotta da Benedetto III nel 1727.

l'eliminazione di tutti i tropi, e la riduzione delle innumerevoli sequenze, conosciute prima del Concilio, a quattro. Trovarono posto nella liturgia soltanto le seguenti: *Victimae Paschali Laude*, di origine tedesca, risalente alla fine del secolo X, *Veni Sancte Spiritus*, d'autore ignoto, datato XI secolo, *Lauda Sion Salvatorem* di origine domenicana, risalente alla fine del XIII secolo, *Dies Irae, Dies Illa* risalente al IX secolo, rimaneggiata nel corso del XIV secolo, attribuita a Tommaso da Celano.[10]

In materia di canto viene riaffermato il principio di intelligibilità del testo sacro che dev'essere declamato con voce chiara, squillante, devota, distinta ed intelligibile.[11]

Tra la fine del XVI e gli inizi del XVII secolo diminuì in maniera sensibile la produzione di sequenze polifoniche e gran parte della produzione musicale religiosa si attenne rigidamente alle disposizioni conciliari.[12]

Le nuove composizioni tendevano ad una semplificazione della scrittura contrappuntistica e ad una maggiore chiarezza del testo, in conformità al precetto conciliare che muoveva verso la riaffermazione del principio di intelligibilità in materia di canto.

Se da un lato le disposizioni conciliari prevedevano un orientamento di cauto rafforzamento dei principi di semplicità ed intelligibilità del testo sacro, che presiedevano al canto gregoriano, dall'altro la politica controriformista si apriva verso forme paraliturgiche che attingevano la loro forza d'attrazione dalle risorse

---

[11] H. Jedin, *La conclusione del Concilio di Trento,* cit., pp. 49-64: "Il Concilio (…) impose poi a tutti i curatori d'anime il dovere di illustrare ai fedeli i testi e le cerimonie della Messa, e ai vescovi quello di rimuovere gli abusi da essi riscontrati. Rientrava o no in questi abusi anche la musica polifonica? La commissione conciliare si era occupata di questo problema. Non si dovrà forse proibire la musica 'figurata', nella misura in cui essa "parla più all'orecchio che allo spirito, favorisce più la dissolutezza che la religione?".

[12] Si ricordino alcune opere di Vincenzo Ruffo, collaboratore di Carlo Borromeo a Milano.

offerte dallo spettacolo e dalla drammatizzazione musicale; è in questo contesto che s'inscrive la fondazione della congregazione dell'Oratorio nel 1575 ad opera di Filippo Neri. La Chiesa cattolica, dunque, in opposizione al puritanesimo protestante e in generale ad un certo intellettualismo che aveva caratterizzato la Riforma, rivendica una relativa teatralizzazione della vita religiosa come mezzo di edificazione. Una tale operazione di tutela e controllo intellettuale tramite la teatralizzazione della vita religiosa e pertanto attraverso un certo ricorso all'energia del piacere, si avvarrà in larga misura dell'elemento scenografico-visuale.[13]

È proprio in quest'ottica di slittamento verso il polo del piacere che si inscrive l'ideazione del castrato, essere creato mediante un processo intenzionale di manipolazione del corpo, asservito all'estetica controriformista. L'attrattiva delirante, che non conosce limiti, per il canto ambiguo e sensuale dei castrati incontra il consenso di un uditorio, quello secentesco, affascinato dal funambolismo vocale e dai virtuosismi di ogni sorta e attratto dalla ricerca del Bello e della sensualità. Ma se nell'Italia secentesca i castrati facevano così bene parte del paesaggio musicale da venir considerati delle *voci naturali* mentre la definizione *voci artificiali* connotava i falsettisti, nella seconda metà del XVIII secolo avviene un totale rovesciamento della prospettiva. A testimonianza del cambiamento avvenuto nel corso del XVIII secolo, basta guardare alla voce *étendue* dell'*Enciclopédie*, elaborata tra il 1770 e il 1779, dove i castrati vengono declassati alla categoria di *voci artificiali*, si parla infatti di "*étendue factice, des voix procurée par l'art*", mentre le voci muliebri riconquistano lo statuto di *voci naturali*, *"voix naturelle"*:

---

[13] P. Camporesi, *La maschera di Bertoldo. G.C. Croce e la letteratura carnevalesca*, Einaudi, Torino 1976, pp. 218-248. Cfr. altresì B. Filippi, *La scène jésuite. Théatre scolaire au Collège Romain au XVII*, École des Hautes Études en Sciences Sociales, Paris 1994.

"(...) les différens tons qui composent l'étendue naturelle de la voix, sont donc relatif aux différentes expressions qu'il peut avoir à rendre, & suffisans pour les rendre toutes. Les tons divers que l'art ajoute à ces premiers tons donnés, sont doncl° superflus; 2°(...) inconnu, étrangers, inutiles à la nature. Ils ne sont donc qu'un abus de l'art, & tels que le seroient dans la Peinture, des couleurs factices, que les diverses modifications de la lumiere naturelle ne sauroient jamais produire."[14]

Con la Controriforma, dunque, da un lato viene ribadita la proibizione alle donne di associarsi agli uomini nell'esercizio del canto liturgico, in opposizione all'ammissione delle donne nei corali protestanti; dall'altro, viene confermata la figura dell'eccellenza religiosa incarnata dal sacerdote e viene creata una nuova figura che impersona invece l'eccellenza estetica: il castrato, che va incontro alle esigenze di stupire, commuovere e persuadere mediante la sensualità trasfigurata dal canto.

La voce del castrato

Come conciliare la ricerca del registro acuto con la potenza di emissione?

È senza dubbio per risolvere questo problema che la Chiesa di Spagna per prima fece ricorso ai castrati, essendosi accostata a questa tecnica grazie alla presenza di eunuchi cantori introdotti in Spagna dalla tradizione araba. Le qualità vocali di questi cantori, insieme alle esigenze di serietà e rigore nella condotta dei sacerdoti, che rendevano indesiderabile la presenza di donne che cantassero, dovevano condurli ad essere scelti per ricoprire il registro vocale acuto nel coro della Cappella Pontificia. Sicuramente il primo castrato entrò nel coro della Cappella Sistina prima del 1589, data

---

[14] *Encyclopédie ou Dictionnaire raisonné des sciences, des arts et des métiers*, Impr. De la Societé, Livourne 1770-1779, alla voce *Étendue*, tomo VI, pp. 40-44.

dell'autorizzazione ufficiale ad assumere cantanti castrati in San Pietro.[15]

È infatti a partire dal 27 settembre 1589 che, nell'ambito della riorganizzazione della Cappella Giulia, la Chiesa cattolica ufficializza, con la bolla *Cum pro nostro pastorali munere,* la presenza di cantori castrati nel coro liturgico in servizio a San Pietro. Il papato accetta dunque l'impiego di castrati nell'ambito della celebrazione liturgica. Ne consegue un'emulazione artistica nelle principali cappelle musicali d'Italia e d'Europa. Non stupisce pertanto che, nel corso dei secoli XVIII e XIX, nessun sinodo provinciale o diocesano abbia emanato delle norme che vietassero il canto dei castrati.

L'entusiasmo generalizzato per la voce dei castrati segna una tappa decisiva nell'avanzata della dimensione del piacere lirico in ambito liturgico. Da un lato la Chiesa trova la modalità ideale d'incarnazione della voce angelica, ma dall'altro presta il fianco al rischio del piacere legato alla voce, così rigorosamente controllato fino ad allora. Ciò spiega l'ambiguità della chiesa di fronte ai castrati: pur condannando a livello teorico la pratica della castrazione per evidenti ragioni morali, nella concretezza dei fatti non soltanto ammette la presenza dei castrati ma ne sollecita la creazione e ne promuove l'impiego.

I castrati naturali, con malformazioni genitali dalla nascita, forse erano allora più frequenti di oggi. Da un punto di vista strettamente medico non erano dei castrati, poiché non avevano subito operazioni prima della pubertà, ma vocalmente potevano avere alcune caratteristiche proprie della voce dei castrati; il loro numero era tuttavia lontano dal soddisfare la richiesta. Questi "casi naturali" furono tuttavia continuamente invocati allo scopo di giustificare l'introduzione dei castrati nelle chiese italiane.

---

[15] Controversa è la questione della data di ammissione del primo castrato in San Pietro: le date oscillano tra il 1562 e il 1588.

La Chiesa si velerà pudicamente il volto nel momento in cui le operazioni fatte "per necessità medica" si moltiplicheranno considerevolmente, provvedendo ai bisogni dei cori ecclesiastici e delle scene d'opera.[16] Degno di nota, a questo proposito, il ragionamento di un casista del XVII secolo, il benedettino inglese Robert Sayer, che prende avvio dall'affermazione secondo cui la voce è una facoltà più preziosa della virilità, in quanto è attraverso la voce che l'uomo si distingue dall'animale; Sayer procede giustificando la soppressione della virilità in quanto essa consente di "abbellire la voce" e conclude asserendo che la castrazione a scopo artistico può essere praticata senza empietà rispondendo al bisogno di disporre di voci da soprano per cantare lodi al Signore.[17]

Le giovani promesse del belcanto subivano l'operazione verso i sette - otto anni e doveva essere il bambino stesso a chiederla: la polizia aveva messo questa condizione "perché la sua tolleranza apparisse un po' meno intollerabile",[18] commentava De Brosses.

> "Una siffatta schiettezza divenne meno accettabile nel corso del Settecento. Molte castrazioni venivano giustificate affermando che si erano rese necessarie durante l'infanzia per malattie o un non meglio specificato "bisogno". Motivazione fra le più in voga era il morso di un cigno o di un maiale selvatici.(...) Alla metà dell'Ottocento tutti i castrati rimasti alla Cappella Sistina risultavano vittime di maiali. Anche in una età di maggiore riserbo, però, i ragazzi potevano affermare di aver accettato, o perfino pregato, di essere castrati."[19]

In Italia non si può non parlare di premeditazione: nel corso della seconda metà del XVIII secolo si parla di cifre che vanno dai duemila ai cinquemila bambini operati ogni anno. Il tasso di

---

[16] Cfr. M Poizat, op. cit., p. 132.

[17] C. Gaumy, *Le chant des castrats (2)*, in "Opéra International", n.77, gennaio 1985, p. 24.

[18] C. De Brosses, *Viaggio in Italia - Lettere familiari*, Laterza, Bari 1973, p. 521.

[19] J. Rosselli, *Il cantante d'opera. Storia di una professione (1600-1990)*, Il Mulino, Bologna 1993, p. 53.

mortalità post - operatoria è di circa il 10%. In tutta la penisola italiana, si trovano dei "centri operatori" istituiti da chirurghi, barbieri, norcini o dagli stessi genitori; i medici si limitavano a fornire un certificato che autorizzava l'operazione "per ragioni mediche".

Il numero di castrazioni annue registrato è sconcertante: l'assenza di una legislazione è accompagnata dal consenso sociale per questa pratica abitudinaria in seno alle cappelle pontificie.

La castrazione inoltre si inserisce in un contesto di strategia familiare: gran parte dei ragazzi operati proveniva da famiglie numerose, contadine; famiglie modeste ma non necessariamente poverissime. La fama musicale e sociale di un castrato poteva ricadere su tutta la sua famiglia aiutandola finanziariamente.[20] La castrazione implicava una completa dedizione alla professione del cantante.

A parte l'Italia e la penisola iberica nessun altro paese svilupperà la pratica della castrazione su larga scala, cui si preferì l'importazione, che spiega in parte il monopolio italiano dei castrati.[21] La Chiesa cattolica fu dunque la principale procacciatrice di castrati per le sue istituzioni musicali. Nessun paese in cui la religione ufficiale fosse il cattolicesimo fece eccezione, nemmeno la Francia, che, sebbene si dimostrasse molto ostile al fenomeno dei castrati e rifiutasse l'impiego di castrati come fenomeno di massa, a partire dall'ultimo ventennio del XVII secolo fino al 1830, sotto il regno di Carlo X,

---

[20] Sebbene gli eredi più usuali fossero i nipoti, accadeva talvolta che la trasmissione del patrimonio e del patronimico avvenisse tra castrati non legati da vincoli di sangue bensì da legami di natura affettiva: i beneficiari erano spesso giovani allievi considerati "figli adottivi".

[21] C. Gaumy, *Le Chant des Castrats (1),* in "Opéra International", n. 76, dicembre 1984, pp. 26-29.

ammise alcuni castrati italiani, almeno dieci nel 1712, a Versailles, nel coro della Chapelle Royale.[22]

È interessante a questo proposito riportare le osservazioni di un enciclopedista che contempla la presenza di castrati accanto a quella degli *ordinaires de la Musique de la chambre du Roi*:

> "*(...) Il y a à la chapelle du Roi plusieurs castrati qu'on tire de bonne heure des écoles d'Italie, & qui chantent dans les motets les parties de dessus. Louis XIV avoit des bontés particulieres pour eux; il leur permettoit la chasse dans ses capitaineries, & leur parloit quelquefois avec humanité. Ce grand roi prenoit plaisir à consoler ces malheureux de la barbarie de leurs peres.*"[23]

I cantori della *Chapelle du Roi* erano tutti italiani, o comunque castrati e istruiti in Italia. Ciò spiega il fatto che la castrazione a scopo artistico fosse generalmente riconosciuta come pratica quasi esclusivamente italiana ed associata alla musica italiana.

L'attrazione cinquecentesca per la meraviglia e l'artificio, unita alla necessità di contrastare la riforma luterana e di interdire alle donne il canto nelle chiese e nei teatri consente al fenomeno della castrazione a scopo artistico di dilagare. "La voce maschile più diffusa, ovvia, riconoscibile avrebbe banalizzato gli dèi e gli eroi del nascente melodramma, quanto gli angeli, i santi, i martiri, la Vergine, la Trinità evocati nelle sacre funzioni. Nessuna dilatazione della percezione, nessuna estasi si racchiude in quel registro: esso afferma, triviale e perentorio, banalmente *vero* (...) un'eco della vocalità barocca."[24]

---

[22] Cfr. P. Barbier, *La maison des Italiens. Les castrats à Versailles,* éditions Grasset & Fasquelle, Paris 1998.

[23] *Encyclopédie ou Dictionnaire raisonné des sciences, des arts et des métiers*, op. cit., alla voce *Chanteur, -euse*, tomo III, p. 135.

[24] S. Cappelletto, *La voce perduta. Vita di Farinelli evirato cantore, E.D.T.*, Torino 1995, p. XV.

[25] Sull'impiego delle lingue volgari nella liturgia delle chiese riformate cfr. J.F. Gilmont, *Riforma protestante e lettura*, pp. 234-235 in G. Cavallo, R. Chartier (a cura di), *Storia della lettura,* Laterza, Roma-Bari 1985.

Manifestazione dunque tipicamente tardo-cinquecentesca l'attrazione del pubblico nei confronti di tutto ciò che di contraffatto e di seducente, di sensuale e di estatico è insito nella voce e nella personalità dei cantanti castrati.

Perfezione del suono, fluidità vocale ed agilità stilistica, prevalere dell'elemento tecnico su quello interpretativo convergono e sbocciano in una vera e propria esplosione di barocco vocale.

Potere evocativo e persuasivo del canto

In ambito sacro la parola liturgica è cantata in lingua latina nella prospettiva di una reazione alla forza dei Corali luterani, intonati da uomini e donne in lingua volgare: era inaccettabile per la chiesa di Roma tanto ammettere le donne alle sacre funzioni quanto rinunciare alla lingua latina.[25]

Il 21 gennaio 1564 la Congregazione del Concilio di Trento prende la decisione di oscurare le nudità michelangiolesche del Giudizio Universale e della Genesi e di distruggere tutte le pitture che mostrassero qualche cosa di osceno o di "patentemente falso". "L'occultamento delle nudità dei corpi dipinti e la manipolazione dei corpi viventi convivono nella Chiesa controriformista: se l'osceno non deve essere visto, la sensualità va trasfigurata, idealizzata vissuta e sentita nel canto."[26]

Siamo di fronte ad un'esasperazione estrema, fino allo stravolgimento, del canone classico rinascimentale di rappresentazione del corpo fondato sui canoni letterari e figurativi dell'antichità classica. Secondo questo canone il corpo è rappresentato nel pieno della sua maturità, determinato e compiuto, isolato dagli altri corpi e depurato da ogni traccia della sua nascita e del suo sviluppo. Viene perciò eliminato ogni segno di crescita,

---

[26] S. Cappelletto, op. cit., p. XVI. Cfr. altresì H. Jedin, *La conclusione del Concilio di Trento*, cit., pp. 116-117.

moltiplicazione; l'eterna incompiutezza del corpo viene taciuta, nascosti tutti gli atti e i processi interni, l'individuo è un'entità ideale, astratta, indipendente dalla terra e dagli altri corpi.[27]

È legittimo postulare una relazione di continuità tra le caratteristiche di questo canone corporeo rinascimentale e quelle indotte con premeditazione sul corpo di un uomo tramite la castrazione: il raggiungimento del canone estetico è considerato ragione sufficiente per estetizzare il corpo. La voce, prodotto della manipolazione, trascende il corpo stesso evocando concetti quali perfezione ed onnipotenza.

Italiano, cattolico romano, controriformista, il fenomeno degli evirati cantori si protrarrà fino al 22 novembre 1903, data di emanazione del *Motu proprio de musica sacra* di papa Pio X.

Peter Browe, gesuita e storico della chiesa, nella sua *Storia dell'evirazione*, datata 1936, imputerà ai papi la completa responsabilità di avere, per primi, introdotto e tollerato i cantori castrati nella cappella pontificia, quando il loro impiego era ignoto tanto alle altre cappelle italiane quanto ai teatri. La proibizione alle donne di calcare le scene nello Stato Pontificio[28] avrebbe condotto ben presto ad utilizzare i castrati in loro vece; di questo possibile

---

[27] I canoni letterari e figurativi dell'antichità classica, che sono alla base dell'estetica rinascimentale, si trovano in forte contraddizione con la concezione corporea del realismo grottesco medievale. Per un confronto tra il canone corporeo classico rinascimentale e quello grottesco cfr. M. Bachtin, *L'opera di Rabelais e la cultura popolare. Riso, carnevale e festa nella tradizione medievale e rinascimentale*, Einaudi, Torino 1979, pp. 332-404.

[28] A questo proposito cfr. R. Celletti, op. cit., pp. 246-247: "L'impiego dei castrati nel teatro musicale, che risale al primo Seicento (es. l'Aretusa del Vitali, 1620) ebbe, alle proprie origini, un'ordinanza di Sisto V (1588) che vietava alle donne di prodursi sulle scene, anche qualora la rappresentazione avesse luogo in case private. Il divieto, che s'estendeva a tutti gli stati pontifici, fatta eccezione per Bologna, Ferrara, la Romagna, Urbino e, durante la fiera, Senigallia, fece sì che si ricorresse, per le parti femminili, a cantanti castrati, vestiti e truccati da donne."

A Roma e nella maggior parte degli stati pontifici la proibizione di calcare le scene intimato alle cantanti si protrarrà fino al 1798.

sviluppo la gerarchia ecclesiastica era consapevole. Per Browe difendere i papi è dunque impossibile.[29]

Del cinismo e della consapevolezza dell'autorità ecclesiastica nei confronti dei castrati è prova la risposta alla supplica del castrato Cortona, del 1680, che implorava la dispensa dall'obbligo del celibato per poter sposare la sua Barbaruccia, non avendo l'evirazione inibito la propria capacità *generandi*; Papa Innocenzo XI risponde di suo pugno "*Si castri meglio*".[30] La castrazione inibiva la

---

[29] P. Browe, *Zur geschichte der entmannung. Eine religions und rechtsgeschichtliche studie*, Breslau, 1936 (Breslauer studien zur historischen theologie. Neue folge, 1). Cfr. altresì S. Cappelletto, op. cit., p. XIII.

[30] C. De Brosses, op. cit., p. 521: "Raccontano persino che uno di questi "semiviri" presentò al papa Innocenzo XI una supplica per ottenere il permesso di ammogliarsi, adducendo che l'operazione era stata fatta male; il papa scrisse in margine alla domanda: Che si castri meglio." Cfr. anche C. Ancillon (signé Ch. d'Ollincan), *Traité des eunuques*, publié par Dominique Fernandez, Ramsay, Paris 1978 (prima edizione 1707), cap. VI, p. 144: "*Sixte Cinquiéme fit autrefois une Bulle qu'il envoya en Espagne, par laquelle il déclarait nuls les mariages des Eunuques. Mais voici un fait historique qui est decisif sue ce sujet. Il est rapporté par le docte Mr. Strik, Professeur en Droit à Halle, le véritable Papinien de nôtre siécle. Il dit dans sa dispute* inaugurale *puor le Doctorat, dans laquelle il traite,* de matrimonii nullitate, *qu'étant en Italie il n'y a pas long tems, il a vû qu'un des principaux Musiciens du Duc de Mantou..e nommé Cortona, ayant voulu épouser une fort jolie Musicienne qui éto(e)it au service du même Prince nommée Barbaruccia, ils furent obligez d'en demander la permission au Pape qui la refusa absolument & sans retour.*". L'autore utilizza tale argomentazione a sostegno della tesi che un eunuco riconosciuto tale non può contrarre matrimonio e non può obbligare un curato a celebrare il suo matrimonio nonostante abbia il consenso della futura moglie. Il *Traité des eunuques* è di grande interesse in quanto si propone di falsificare alcune argomentazioni in favore del matrimonio dei castrati e di produrne altre contrarie. Il matrimonio, essendo opera di Dio "*ne doit point être fortuite & commune... elle ne doit point être produite par une affection brutale, par une volonté déréglée... Ce doit être une conjonction chaste, religieuse, sainte, pleine de piété & de bénéditions; n'ayant pour but que d'éxécuter les ordres de Dieu, qui est son Auteur & son Protecteur...*" Gli eunuchi, non potendo soddisfare lo scopo primo del matrimonio, la procreazione, non devono contrarlo: "*Les eunuques qui contractent mariage sont de mauvaise foi & meritent d'être punis. Premiérement ils commettent une fausseté*

capacità di generare, ma non necessariamente il desiderio sessuale, di qui la richiesta di alcuni castrati di contrarre matrimonio e l'assoluta negazione da parte della chiesa cattolica.

Le altre Chiese cristiane proibirono la presenza di castrati nell'ambito delle loro liturgie: non si trova infatti nessun castrato presso i luterani, i calvinisti e nemmeno presso gli anglicani, i quali lasciavano un posto privilegiato alle liturgie fastose e alla musica. Tutti facevano cantare le donne.

Il castrato: cantore ecclesiastico

A partire dal XVII secolo la scrittura musicale diviene più concertante e necessita di solisti specializzati. Le voci di donna erano escluse dai cori liturgici, quelle dei bambini molto spesso risultavano insufficienti e inoltre la muta della voce comportava un cambiamento costante degli effettivi: solo i castrati erano in grado da un lato di soddisfare le nuove esigenze in ambito musicale liturgico, dall'altro di garantire la loro permanenza in un coro con continuità.

Il castrato, in quanto cantante e in quanto persona, si adatta perfettamente alle idee estetiche scaturite dalla Controriforma: edificare le popolazioni tramite le arti, trarre le migliori risorse provenienti dalle possibilità artistiche umane per trasferire ai fedeli sensazioni inebrianti ed ignote. Inoltre i castrati per la loro natura

---

insigne; Ils se donnent pour hommes & ils ne le sont points (...) En second lieu, ils promettent ce qu'ils ne peuvent point tenir." (pp. 110-111). "*C'est une maxime en droit, que falsum quod est, nihil est. Les Eunuques qui s'unissent avec une femme, la trompent;Ils ne contractent point mariage avec elle puis qu'ils ne sont pas capables de contribuer de leur part comme ils le devroient à la substance du mariage.*" (p. 115). Il matrimonio dei castrati è considerato dunque, dal diritto canonico, nullo o non avvenuto poiché l'eunuco dichiara il falso."*La Religion Romaine qui considére le mariage comme un Sacrament, n'a garde de permettre qu'on prophane un de ses Mystéres.*" (p. 141).

sono visti come forme incarnate della purificazione corporale e spirituale che attende ogni uomo.

In quanto solista e corista, il castrato cantore ecclesiastico raggiunge grande notorietà. Spesso celato agli sguardi dei fedeli, al contrario del castrato d'opera, lo si valuta esclusivamente in virtù della sua voce, e questa voce attira folle considerevoli durante le messe, in tutte le chiese importanti d'Italia.

Ciò che stupisce maggiormente è che i castrati della Cappella Sistina attirassero a Roma tutta l'Europa musicale del XIX secolo, nonostante il successo di questi cantanti in ambito operistico si fosse ormai estinto.

Ma la notorietà del castrato italiano nel nostro immaginario musicale è legata piuttosto all'orizzonte profano dell'opera lirica che all'ambito della celebrazione liturgica.[31]

Il castrato: strumento d'opera

Il castrato nella liturgia è spesso celato ai fedeli, è pura voce; sulla scena lirica, al contrario, egli è in piena vista e su di lui si dirigono tutti gli sguardi. Al fascino della voce, che deve dar vita a prodezze incredibili, straordinarie, si mescola il fascino ambiguo di un corpo diverso dagli altri. Il castrato è obbligato all'esibizionismo poiché l'uditore si fa *voyeur* e reclama sempre di più.

La nascita dell'opera coincide con l'avvento dei castrati, senza esserne la causa. Infatti, il gusto per la voce dei castrati precede l'opera e non costituisce un elemento determinante di questo genere di spettacolo.

Per la prima rappresentazione della favola in musica *Orfeo*, allestita nel palazzo Ducale di Mantova nel 1607, Monteverdi sceglie un tenore per il ruolo-titolo ma riserva alcune parti femminili a

[31] Cfr. Pierrette David-Germain, *Les castrats, instruments d'opéra*, Sorbonne, Paris 1978.

cantanti castrati.[32] Nell'*Incoronazione di Poppea*, ultima opera di Monteverdi, rappresentata nel 1643 al Teatro San Giovanni e Paolo di Venezia, il compositore assegna i due ruoli maschili principali ai castrati.

Ai solisti dei nuovi generi musicali del primo Seicento veniva richiesta alta professionalità, superflua nella precedente età della musica polifonica; i castrati, in virtù dei loro studi ininterrotti fin dall'infanzia, e non intralciati dalle convenienze sociali come sarebbe stato per delle ragazze, potevano soddisfare al meglio le nuove richieste. Il vantaggio di godere di un periodo di istruzione ininterrotto a partire dalla pubertà consentiva loro di sviluppare in modo metodico e continuativo l'agilità vocale e la cultura musicale. I più importanti centri di educazione musicale per i piccoli castrati furono le scuole corali annesse ad importanti chiese, monasteri o seminari. I piccoli castrati presi in affidamento da privati potevano sia prendere lezioni private che entrare in conservatori famosi. Tutto dipendeva dai progetti che il mecenate aveva sul suo protetto: se voleva destinarlo ad una carriera di cantore ecclesiastico, l'insegnamento presso le istituzioni legate alle cattedrali era più indicato; se invece il destino del giovane era la carriera lirica, i corsi privati e i conservatori risultavano più adatti.

Napoli vantava un gran numero di istituti di carità, i "Conservatori",[33] l'accesso ai quali era originariamente consentito solamente ad orfani di almeno un genitore. Con l'accettazione di allievi paganti, alla fine del Seicento, ha inizio un processo di trasformazione, che condurrà nel corso del Settecento alla creazione di istituzioni ibride, per metà orfanotrofio musicale e per metà collegio a pagamento. La retta variava a seconda delle possibilità dei

---

[32] Il ruolo di Orfeo venne interpretato dal tenore Francesco Rasi, quello di Euridice dal soprano Girolamo Bacchini, e i ruoli della Musica e di Proserpina dal soprano Giovanni Gualberto Magli.

[33] Sui conservatori napoletani e le altre scuole italiane cfr. P.Barbier, *Histoire des castrats,* Grasset & Fasquelle, Paris 1989, pp. 43-68.

singoli e a seconda dell'interesse che la scuola nutriva per l'allievo: "(...) al Conservatorio di S. Onofrio, ad esempio, verso il 1760-1770, i castrati pagavano 10 ducati annui contro i 24-30 degli altri."[34] Alla vigilia della visita di Charles Burney, le scuole napoletane avevano raggiunto grande notorietà e l'accesso era divenuto difficile. Charles Burney lascia un notevole contributo che ci illumina su molti aspetti della vita dei conservatori in Italia, il *Viaggio musicale in Italia,* datato 1770. In occasione della visita al Conservatorio di Sant'Onofrio, il 31 ottobre 1770 scrive:

> "Stamane mi sono recato col giovane Oliver al suo conservatorio di S. Onofrio e ho visitato tutte le camere in cui i ragazzi studiano, dormono e consumano i pasti.(...) In questo collegio vi sono sedici giovani castrati che vivono di sopra, isolati, in appartamenti più caldi di quelli abitati dagli altri ragazzi; poiché il freddo potrebbe non soltanto danneggiare temporaneamente le loro voci delicate, ma rischiare di comprometterle definitivamente."[35]

L'intervista di Burney a Piccini, il quale era stato egli stesso educato in uno dei conservatori di Napoli, gli consente di raccogliere altre interessanti informazioni riguardo ai conservatori napoletani:

> "(...) i conservatori erano di antica data, come lo si può dedurre dallo stato quasi pericolante in cui è ridotto uno degli edifici, tanto che sembra sul punto di cadere. (...) i loro nomi erano S. Onofrio, La Pietà, e Santa Maria di Loreto. (...) il numero degli scolari è di circa novanta nel primo conservatorio, di centoventi nel secondo, e di duecento nel terzo. Ognuno di essi ha due <Maestri di Capella> stabili (...) Ci sono maestri assistenti che sono chiamati <Maestri Secolari>(...) i ragazzi sono ammessi all'età di otto o dieci anni e vi restano fino a venti(...)".[36]

---

[34] S. Durante, *Il cantante*, in L. Bianconi, G. Pestelli (a cura di), *Storia dell'opera italiana*, vol. IV, EDT, Torino 1985, pp. 376-377.
[35] C. Burney, *Viaggio musicale in Italia* [1771], a cura di E. Fubini, EDT Musica, Torino 1979, p. 321.
[36] Ivi, p. 294.

Le istituzioni religiose e le corti diffuse in tutta Italia, i grandi santuari e i teatri pubblici veneziani offrivano impiego ad un numero considerevole di castrati.

Verso la metà del Seicento, le carriere dei castrati risultavano ancora sostanzialmente legate al servizio dei principi ed alla musica ecclesiastica. Ciò nonostante papi appassionati d'opera come Urbano VIII Barberini o Clemente IX Rospigliosi concessero ad alcuni celebri cantanti di cappella castrati di apparire in opere, la maggior parte delle quali erano di soggetto sacro. Poco più tardi, queste occasionali licenze sarebbero state revocate da papi più rigorosi.

Fondamentale per lo sviluppo dell'opera fu l'apertura del primo teatro pubblico, il San Cassiano di Venezia, inaugurato nel 1637. L'opera di stile veneziano, intorno agli anni quaranta e cinquanta del Seicento, dà vita a rappresentazioni destinate ad un pubblico pagante; tale genere si avvale di cantanti donne in alcuni ruoli principali.

Per un castrato impiegato presso qualche cappella, prodursi in un'opera "mercenaria" poteva rivelarsi sconveniente: "ogni altro virtuoso Eunuco è tenuto per infame, se, nel pubblico teatro mercenario, in queste compagnie si mischiasse".[37] L'esibirsi al fianco di cantanti donne, alcune delle quali erano ancora cortigiane, era considerato infatti un'infamia.

Tuttavia, il teatro d'opera cominciava ad offrire ragguardevoli somme di denaro ai migliori castrati. Si aggiunga a questo che alla fine del Seicento è in corso un processo di trasformazione del costume: "(...) La musica, e quella particolarmente dei teatri, era salita in alto pregio, attendendosi dappertutto a sontuose opere in musica, con essersi trasferito a decorare i musici e le musichesse

[37] In tal modo si giustificava la riluttanza di tre cantanti della cappella reale di Napoli a partecipare alla *Dori* di Antonio Cesti, un'opera di stile veneziano, rappresentata dalla compagnia dei Febi armonici in occasione del compleanno di Carlo II, la sera del 6 novembre 1675. Cfr. B. Croce, *I teatri di Napoli. Secolo XV-XVIII,* Napoli 1891, pp. 178-179.

d'adulterato titolo di virtuosi e virtuose."[38] Di Giulia di Caro, una cantante della compagnia dei Febi armonici, si riferiva che "(...) dal basso meretricio, in cui viveva, si venne man mano sollevando nelle sfere della corruzione aristocratica, coll'imparare musica e diventare *virtuosa.*"[39]

Nell'ultimo quarto del 1600 il teatro d'opera diviene il regno dei castrati. Nelle produzioni serie, che attingevano i propri soggetti dalla storia antica o dalla mitologia, essi interpretavano ruoli da primo uomo e venivano spesso affiancati da soprani donna. L'opera seria era il luogo in cui le voci di castrato potevano esibire al meglio i loro poteri stupefacenti.

Nel corso del Settecento la prestazione dell'esecutore "virtuoso" si afferma come elemento centrale dello spettacolo d'opera; Carlo Broschi, detto il Farinelli, sbalordisce il pubblico con esibizioni virtuosistiche leggendarie.[40] A Roma, la pressione dei teatri e l'azione conservatrice della curia condussero papa Benedetto XIV, alla metà del 1700, a proibire a tutti i cantori di chiesa, che fossero anche chierici, di calcare le scene. Fuori Roma, le varie cappelle si videro invece ripetutamente costrette a concedere permessi ai castrati per cantare nell'opera.

Nella seconda metà del Settecento a Venezia la proporzione fra le produzioni serie e quelle buffe si inverte a favore delle seconde: diminuisce di conseguenza la richiesta di virtuosi all'antica e dunque di castrati. La scomparsa dei castrati dalle scene all'inizio dell'Ottocento va pertanto interpretata come l'esito finale di una flessione progressiva della domanda in concomitanza con l'entrata in

---

[38] L.A. Muratori, *Annali d'Italia dal principio dell'era volgare sino all'anno 1750 compilati da Ludovico Antonio Muratori e continuati sino a' giorni nostri*, Venezia, 1843-1847, MDCXC, tomo VII, p. 84.

[39] B. Croce, op. cit., p. 167.

[40] Cfr. C. Gaumy, *Farinelli. L'empereur des castrats*, in "Opéra international", n.186, dicembre 1994, pp. 14-15.

scena delle donne. Penuria di buoni castrati e declino della musica sacra caratterizzeranno l'ultima parte del Settecento. Con l'occupazione francese del 1796 si assisterà alla dissoluzione di numerosi ordini monastici con i relativi cori ed alla temporanea messa al bando dalle scene dei castrati.

Il secolo dei Lumi e la progressiva scomparsa dei castrati

Per comprendere le cause musicali, teatrali, sociali della progressiva scomparsa dei castrati, in questa fine del secolo dei Lumi, è necessario fare un'analisi retrospettiva e, avvalendoci di una classificazione di Christian Gaumy, distinguere tre periodi dell'arte vocale presso i castrati.

Dal nascere dell'opera verso il 1600, fino al 1640 circa, il castrato viene celebrato in virtù della bellezza della sua voce, della sua musicalità e delle sue interpretazioni patetiche.

Con Baldassarre Ferri (1610-1680), il più celebre castrato del XVII secolo, l'arte del cantante passa dall'espressione al virtuosismo esuberante. Questa condizione dura poco più di un secolo, dal 1640 al 1760 circa. Ma, a partire da Haendel, le donne, poco a poco, iniziano a rivaleggiare con i castrati in bellezza vocale e virtuosismo, talvolta superandoli. Battuti sul proprio terreno, i castrati perdono progressivamente il loro prestigio; contemporaneamente, l'opera seria e le donne, in particolare quelle che brillano negli acuti, conquistano la scena. È molto significativo che Rossini, l'ultimo grande compositore che si servì di voci di castrati all'opera, abbia scelto di affidare a dei contralti donne i ruoli appartenuti ai castrati. Egli stesso ha persino soprannominato una delle sue interpreti favorite, Marietta Alboni, "*l'ultimo dei castrati*".[41]

---

[41] C. Gaumy, *Le chant des castrats (2)*, cit., pp. 25-26. Su Marietta Alboni cfr. altresì G. Apollonia, *Le voci di Rossini*, Eda, Torino 1992, T. Gautier, *Histoire de l'Art Dramatique en France, Depuis Vingt-Cinq ans*, Première série, Hertzel, Paris 1858, A. Pougin, *Marietta Alboni*, Plon-Nourrit, Paris 1912.

Alcuni castrati ripiegano verso un'espressione più epurata, come Pacchierotti e Marchesi, ma i buoni castrati si fanno sempre più rari: è un cantante mediocre, il Bedini, che interpreta il ruolo di Sextus nella *Clemenza di Tito* di Mozart nel 1791.

All'inizio del XIX secolo solo Crescentini e Velluti rappresentavano degnamente la loro scuola. L'ultima apparizione scenica di un castrato è quella di Pergetti a Londra nel 1844.

Alla pressione della concorrenza femminile sul piano artistico si aggiunga la serie di argomentazioni etiche e filosofiche, provenienti da persone colte e illuminate, contro la "produzione" di castrati. A questo proposito sono interessanti le satire di Voltaire contro la pratica della castrazione o il senso di imbarazzo tra le persone colte, nelle pagine del *Viaggio musicale in Italia* di Burney:

> "Attraversando l'Italia avevo compiuto delle ricerche per sapere in quale città vigesse l'uso dell'eviramento per il canto, ma non avevo potuto ottenere risposte esatte. A Milano mi si disse che era a Venezia; a Venezia che era a Bologna; ma a Bologna negarono e dissero che era a Firenze; a Firenze, a Roma, e a Roma, a Napoli. Evidentemente tale operazione ovunque si pratichi è contro natura; e tutti gli italiani se ne vergognano a tal punto che ogni provincia ne addossa la responsabilità ad un'altra."[42]

O ancora la posizione di Rousseau che rifiutava i piaceri provocati da "quel canto" e riteneva illecita la violazione della natura, il sacrificio della virilità al piacere delle "*honnetes Femmes des grandes Villes*":

> "*(...) faisons entendre, s'il se peut, la voix de la pudeur & de l'humanité qui crie & s'éleve contre cet infame usage, & que les Princes qui l'encouragent par leurs recherches, rougissent une fois de nuire, en tant de facons, à la conservation de l'espece humaine.*"

Rousseau nel suo *Dictionnaire de musique*, datato 1768, dedica alla voce "castrato" la seguente definizione:

---

[42] C. Burney, op. cit., pp. 294-295.

"On pourroit dire, cependant, que le mot Italien s'admet comme représentant une profession, au lieu que le mot Francois ne représente que la privation qui y est jointe." [43]

Charles Burney, nelle riflessioni conclusive della sua originale storia della musica, afferma che "La maggior perfezione della musica italiana non può essere ragionevolmente attribuita al gran numero di voci artificiali di cui l'Italia per sua vergogna abbonda; infatti la musica vocale ha raggiunto il suo più alto grado di perfezione proprio nei Conservatori di Venezia dove vi sono soltanto voci femminili naturali."[44] Tuttavia, Burney non si era astenuto dal giudicare positivamente un giovane cantore castrato, Carlo Moschetti, istruito nella cappella della chiesa gesuita delle Grazie della città di Brescia, dal maestro Pietro Pellegrino: "Questo castrato non ha più di quattordici o quindici anni; (...) C'è in lui molto di buono e val la pena che un maestro ci lavori: esegue bene i trilli e promette di diventare un grande cantante."[45] Burney rievoca altresì il suo incontro con il celebre castrato Carlo Broschi. Farinelli, confrontando il proprio lavoro di cantante con quello di compositore di padre Giovanni Battista Martini, altra eminente personalità nel campo dell'arte musicale intervistata dal Burney, lascia questa testimonianza amara alla memoria del viaggiatore e storico inglese: "Ciò che egli sta facendo resterà, mentre il poco fatto da me è già passato e dimenticato".[46]

La condanna degli illuministi nei riguardi della pratica dell'evirazione trova sfogo nell'*Encyclopédie* alla voce *étendue*:

"C'est-là (en Italie) qu'un ancien usage a prévalu sur l'humanité; une opération barbare y produit des voix de dessus, qu'on croit fort supérieures aux voix que la nature a voulu faire; & de ce premiere écart on a passé bien-

---

[43] J.J. Rousseau, *Dictionnaire de musique*, Marc Michel Rey, Amsterdam M.DCC.LXVIII, pp. 121-122.
[44] C. Burney, op. cit., p. 379.
[45] Ivi, p. 112.
[46] Ivi, p. 180.

tot à un abus dont les inconvéniens surpassent de beaucoup les avantages qu'on en retire (...) L'humanité, la raison, la religion sont également outragées par les voix factices, qu'on fait payer si cher aux malheureux à qui on les donne."[47]

Una fra le ragioni della flessione del numero di castrati alla fine del Settecento è anche il mutamento della situazione economica nella prima metà del secolo. Negli anni trenta del Settecento assistiamo ad una ripresa: le mutate condizioni economiche consentono ai genitori di non far operare i propri figli. Inoltre, un fattore importante è costituito senza dubbio dal graduale declino delle adesioni agli ordini religiosi, avvenuto nel corso del '700: il progressivo impoverimento dei conventi o lo scioglimento di numerosi cori ecclesiastici non incoraggiava i genitori alla drastica decisione di castrare un figlio per farne un cantore di chiesa. Questo, unito alla prime manifestazioni di disapprovazione nei confronti dell'istituto della castrazione, contribuisce a spiegare il crollo del numero di castrati.[48] Il destino

[47] *Encyclopédie ou Dictionnaire raisonné des sciences, des arts et des métiers*, cit., alla voce étendue, tomo VI, pp. 40-44. Cfr. altresì le voci: *castration-castrati*, tomo II, p. 727/ *chant-chanter-chanteur-chantre*, tomo III, pp. 131-13/ *choeur, choeurs*, tomo III, pp. 341-342/ *dessus*, tomo IV, p. 818/ *exécution*, tomo VI, pp. 216-217/ *opéra*, tomo XI, pp. 450-452,/ *voix*, tomo XVII, pp. 446-455.

[48] Così De Brosses si esprimeva a proposito dei castrati: "I signori castrati sono zerbinotti graziosissimi, pieni di albagia, i quali i loro affari non li hanno dati via per nulla", essendo altissima la richiesta di sopranisti evirati; a volte però capitava che la voce nell'invecchiare andasse perduta, "sicché non rimane loro più nulla del baratto fatto, e l'affare si dimostra assai svantaggioso", in C. De Brosses, op. cit., pp. 520-521. Anche Giuseppe Parini, nell'ode *La musica* (il cui titolo originale, poi censurato, era *L'evirazione*), pubblicata nel 1791, ma risalente con tutta probabilità al 1769, quando si diffuse la notizia che papa Clemente XIV intendeva aprire i teatri di Roma alle cantanti donne, mettendo fine al reclutamento dei castrati, lanciò strali contro la pratica dell'evirazione: "Aborro in su la scena un canoro elefante che si strascina a pena su le adipose piante, e manda per gran foce di bocca un fil di voce. Ahi, pèra lo spietato genitor che primiero tentò di ferro armato l'esecrabile e fiero misfatto onde si duole la mutilata prole!" in G. Parini, *La musica,* in *Poesie e prose*, a cura di L. Caretti, Ricciardi, Milano-Napoli 1951, pp. 202-205.

dei castrati operati dopo il 1796 era quello di accedere ad una ristretta cerchia di cori romani.

Il *Motu proprio de musica sacra*, emanato nel 1903 da Pio X sancisce il definitivo abbandono di ogni carattere profano nella musica sacra, non solo in se stessa ma anche nelle modalità con le quali viene proposta da parte degli esecutori, riafferma la qualità del canto gregoriano come modello di musica sacra, difende la bontà della polifonia classica, respinge le seduzioni dello stile teatrale, ribadisce l'esclusione delle donne dal canto sacro ed intima il ritorno all'utilizzo dei *pueri cantores*. L'*Instructio de musica sacra*, emanata nel 1958 da Pio XII consentirà alle donne di cantare in chiesa ma solo fuori dal presbiterio.[49]

Pericoli e seduzioni del teatro: la dimensione pubblica della professione e il problema della virtù

L'ingresso delle donne sulle scene venne per vario tempo ostacolato a causa della "mollezza degli affetti, che ispirano coi loro atteggiamenti espressivi",[50] del "rischio, cui si espone le loro virtù esercitando una professione, ove (...) non ha alcun vantaggio il pudore, ove tanti ne ha la licenza",[51] nonché dello "spirito di dissipamento, che spargono fra giovani scapoli".[52] D'altronde, "i disordini forse maggiori, che nascevano dal sostituir in vece loro giovinastri venali, e sfacciati", uniti alla necessità di soddisfare quanti gradivano "vedere chi rappresenti al vivo in sul teatro i donneschi diritti: l'amore, (...) carattere dominante del moderno

[49] Cfr. S. Cappelletto, op. cit., p. XVI.

[50] S. Arteaga, *Le rivoluzioni del teatro musicale italiano dalla sua origine sino al presente*, Venezia, stamperia di Carlo Palese, MDCCLXXXV. (Rist. anast. a cura di G. Vecchi, Bologna, 1969), tomo I, pp. 353.

[51] Ibidem.

[52] Ibidem.

teatro",[53] fecero sì che i ruoli femminili fossero restituiti a chi di diritto. Ciò anche a causa "de' nostri teatri picciolissimi a paragon degli antichi, dove la distanza, che passa tra gli attori, e gli spettatori, è tale, che i personaggi non possono agevolmente prendersi in iscambio, e dove troppo è difficile il mantener l'illusione."[54]

Le cantanti furono a lungo escluse dal libero mercato. Era infatti opinione diffusa, non solo in Italia ma in tutta l'Europa del Seicento, che le donne non dovessero fare pubblica mostra di sé sul palcoscenico, pena il sospetto di essere cortigiane. Alcune di esse lo erano davvero e i governi, incaricati di mantenere "la pace delle famiglie", avevano il diritto di arrestarle, espellerle o metterle in convento. Caterina Aschieri, cantante romana, nel luglio 1736 ricevette improvvisamente l'ordine perentorio di abbandonare il regno di Napoli, nel quale si era esibita a partire dal 1735: "S. R. M. – Signore – (scriveva l'Uditore) In esecuzione dei pregiatissimi comandi di V. R. M. si è di già arrestata la canterina del Teatro dei Fiorentini, Caterina Aschieri, che deve uscire da questo Regno, e, necessitando per dar complimento ai suoi veneratissimi ordini i passaporti, supplico ec. ec. – 12 luglio 1736 – Francesco Marchant."[55]

Per quanto le donne si affermassero progressivamente come professioniste competenti, rimasero comunque sospette poiché rifiutavano uno dei fondamenti della società, cioè la dipendenza economica dall'uomo. La dimensione pubblica della loro attività corroborava le accuse di dissolutezza. Un funzionario napoletano

---

[53] S. Arteaga, op. cit., p. 354.

[54] Ivi, pp. 354-355.

[55] B. Croce, op. cit., pp. 364-365. Croce riporta qui un ordine di espulsione emesso nei confronti della cantante Caterina Aschieri. Per quel che concerne le cause che avrebbero generato un simile effetto, Croce si limita ad una non meglio specificata affermazione: "Le ragioni dell'espulsione s'immaginano". Insieme alla Aschieri partirono anche la sorella Albina, anch'essa cantante, la madre e un fratello.

incaricato dei teatri scriveva nel 1740 una testimonianza sulla dubbia fama delle cantanti:

> "(...) Non si sono mai descritte per oneste, portando seco la professione di canterina la dura necessità di trattar con molti, e maestri di cappella, sonatori, poeti, ed amanti del canto, e chiunque vede questo traffico in casa d'una donna, con facilità s'induce a dire, che sia disonesta, o che vi sia, o che non vi sia effettivamente il male."[56]

Si alludeva alla consuetudine di tenere le prime prove in casa della prima donna: "La prima Prova dell'opera si farà in Casa della prima Donna, replicando poi dall'Avvocato del Teatro(...)."[57] Per una cantante era senza dubbio più rispettabile tenere le prove in casa propria piuttosto che recarsi in luoghi frequentati da un gran numero di estranei, uomini peraltro che il senso comune non avrebbe certo consigliato di frequentare, per non parlare dei cosiddetti "amanti del canto".

La "cantatrice" che ci descrive Benedetto Marcello ne *Il teatro alla moda*,

> "Si farà sempre aspettare alle Prove, dove comparirà per mano del signor Procolo salutando con occhio parziale tutti li Circostanti: del che rimproverata dal signor Procolo, risponderà bruscamente: "*Cos'è sti smorfi, sti zelusì sproposità? siv' matt? A n'savì gnanch' ch' la Profession porta aqusì? Mo a son pur stuffa di fatt vuster, etc.*" (...) Dirà sempre che, terminato il Carnovale, prende Marito, ch'è già promessa con Personaggio di qualità; e ricercata nell'onorario, soggiungerà ch'è una bagatella, ma ch'è venuta per esser sentita e compatita, non ricusando poi a tale effetto Protettori ed Amici, di qualunque Grado Nazione, Professione, Fortuna."[58]

In un contesto nel quale l'identità sociale delle donne veniva ancora definita essenzialmente dalla loro posizione rispetto al

---

[56] Ivi, p. 370.
[57] B. Marcello, *Il teatro alla moda o sia metodo sicuro, e facile per ben comporre ed eseguire l'opere italiane in musica all'uso moderno*, Pizzicato edizioni musicali, Udine, 1992, p. 41. (I ed., Antonio Pinelli, Venezia e Milano 1720).
[58] Ivi, pp 30-33.

matrimonio, lo *status* sociale di donna-cantante, senza legami o con legami poco saldi, spesso in attesa di un nuovo ingaggio e quindi fuori sede e senza tutela, era sufficiente a giustificare accuse di frivolezza e di pericolosità.

Per quel che concerne i consigli *Ai Protettori delle Virtuose,* Benedetto Marcello suggerisce quel che segue:

> "(...) raccomanderanno a Suggeritori, Paggi, Comparse, etc., di non badar, sino che sta in Scena, ad altri che a lei, di cui racconteranno (...) ch'è un Angelo di Costumi, disinteressata, di Nascita e d'Educazione Civile; che non rassomiglia a Cantatrice veruna; ch'è un peccato sia nella Professione, etc. etc. etc."[59]

ed *Alle Madri delle Virtuose:*

> "Se qualche Civile, ma povero Galantuomo desiderasse introdursi in Casa, e parlasse per tal effetto con alcuna delle Signore MADRI, risponderà tosto: "*In quant' a quel mo la mi Fiola è puvrina sì, ma unurata e daben, e s' fa la Profession, perch' la dsgrazia dla nostra Cà vol qusì. Al bisogna in prima maridar un'altra Ragazza, ch'è zà imprumessa a un Duttor, e livar mi Marì d'imperson, ch' pr' esser stà tant' al bon Om', l'ha fatt' una Sigurtà e s'hà bsognà pagarla." (...) "Perché bsogna direl l'è una Ragazza savia e mudesta, e s'ha studià più Virtù, d' arcamar, d' far i Marlitt', d' ballar, d' tirar d' Schermia, d' stufilar, oltr' al cantar. L'ha fin studià la Gramatica e sì e tant confscent al Geni d' tutt' ch' la pippa in cumpagnì dal Prutettor.*"[60]

Già Pietro Aretino dava un esempio di questo ostracismo nella lettera inviata da Venezia a Messer Ambrogio degli Eusebi il 1° giugno 1537, allo scopo di dissuaderlo dal prender moglie: "E quanto più lodi le sue assai vertù tanto più biasimi il tuo poco giudizio, perché i suoni, i canti e le lettre che sanno le femine, sono le chiavi che aprono le porte della pudicizia loro."[61]

---

[59] Ivi, p. 57.
[60] Ivi, pp. 58-59.
[61] P. Aretino, *Lettere*, Notari, Milano 1928, p. 124.

L'esecuzione professionista della musica procurava onori e mobilità sociale, era pertanto una attività conveniente, ma non per le donne, "poiché essendo per se stessa Arte dolce, e lusinghiera, sarebbe un' aggiungere magie agl'incanti"[62] secondo Zaccaria Tevo, un monaco che scriveva attorno all'anno 1700.

Nel tardo Cinquecento nelle corti italiane si erano affermate le cantanti e le attrici-cantanti delle compagnie itineranti della commedia dell'arte; le migliori artiste dovevano osservare dei precisi limiti per conservare la propria rispettabilità, dovevano soprattutto evitare di cantare nell'opera. Cantare a corte comportava alcuni rischi ma apparire sulla scena pubblica significava essere considerate prostitute. Le prime opere chiedevano alle cantanti qualità come quelle elencate dal cronista Giustino Martinoni nel 1663: "la bellezza del volto, (...) la ricchezza de gl'habiti, (...) il vezzo del canto, (...) l'attioni proprie del personaggio, che rappresentano"[63] proprio secondo questa sequenza, piuttosto che abilità tecniche ed interpretative. Una cantante era dunque tanto ammirata quanto ascoltata. Le prime opere richiedevano altresì alle donne di esibirsi sovente in abiti maschili: le cantanti non venivano considerate vere e proprie professioniste, ma rispecchiavano le aspettative maschili, ambigue e affascinanti insieme.

Alla metà del Settecento il genere "opera seria", il cui tempio era il teatro San Carlo di Napoli, richiedeva ai cantanti abilità tecniche tali da considerarne superfluo l'aspetto attraente e scontata la professionalità. Tuttavia, l'*Impresario* de *I teatri alla moda* di Benedetto Marcello, ancora nel 1770 "Accorderà Musici di poca spesa, Ragazze non più sentite, procurando che siano piuttosto leggiadre che Virtuose, perché abbondino di protettori".[64]

---

[62] Z. Tevo, *Il musico testore*, Antonio Bortoli, Venezia 1706, p. 22.
[63] *Appunti* di Giustino Martinoni sui cantanti del Teatro SS. Giovanni e Paolo, Venezia 1663 in J. Rosselli, op. cit., p. 81.
[64] B. Marcello, op. cit., p. 41.

La seconda metà del Settecento coincide anche con la massima fioritura dell'opera comica, sono dunque frequenti, in altri teatri italiani, gli arresti o le espulsioni delle cantanti da parte delle autorità, con l'accusa di intrattenere storie amorose illecite o di tentare di maritarsi con giovani nobili; la bellezza era ancora la loro qualità principale.

Un regolamento datato 1734-39 considerava le cantanti impegnate nell'opera comica prostitute e imponeva loro di risiedere nelle periferie escluso il periodo di durata dei contratti.

> "Le canterine dei teatri piccoli erano un gran pericolo per la pubblica morale. Uno dei pensieri del governo di Carlo III fu di renderle il meno possibile nocive. – Gli impresarii dovevano presentare volta per volta la lista dei recitanti, per ottenere l'approvazione. Sono note le prammatiche del 1734, 37, 39 ecc., colle quali si relegavano in alcuni punti fuori la città le meretrici. Le donne di teatro ne venivano quasi tutte colpite. Cosicchè fu necessario esentar dall'effetto delle prammatiche quelle, che erano impegnate pei pubblici teatri. La nota, approvata volta per volta, era passata alla Vicaria, che curava l'esenzione."[65]

Tale regolamento riguardava "canterine" e "ballerine":

> "La corte della Vicaria faceva osservare che: " (…) quantunque la maggior parte d'esse abbiano terminato le recite e che di presente non siano addette in niuno dei teatri, han continuato e continuano ad abitare, non solo nelle vicinanze dei medesimi teatri, ma in altri luoghi onesti di questa metropoli, facendo le pubbliche meretrici, anzi alcuna di esse tiene in sua casa altre donne libere, che vivono scandalosamente esercitando la loro turpe professione (…)"".[66]

Ma l'Uditore generale, protettore delle "canterine", rettifica:

---

[65] B. Croce, op. cit., p. 368.
[66] Ivi, pp. 369-370.

> "(...) per quanto sento, ognuna vive con moderazione e per timore del castigo e per non rendersi diffamate, che poi vengono ricusate dall'impresarij...".[67]

La lotta tra la Vicaria e l'Udienza in Italia fa eco a ciò che avveniva in Francia tra i *Gentilshommes de la Chambre*, cui erano sottoposti i "comedianti", e la *Police*.[68] Ritorna l'istanza di condanna nei confronti della teatralità: l'11 febbraio 1742 la Vicaria intima alla cantante Antonia Spina:

> "(...) sotto pena dello sfratto del Regno o di tre anni di penitenza, a vivere e vestire con modestia senza sfoggi, e di non andare al passeggio di Chiaia o di altro concorso festivo, per evitarsi qualunque inconveniente, che potrebbe caggionar la loro veduta...".[69]

L'opera comica andò scemando poco dopo le guerre napoleoniche, ma l'ambigua reputazione che si erano procurate " (...) le "amorose" e le "servette" e le "buffe" dei teatri piccoli, [che] non avevano contribuito (di certo) alla *quiete* delle famiglie",[70] ricadeva sull'intera categoria delle cantanti coinvolgendo anche le grandi virtuose dell'opera seria, le quali per essere ingaggiate, dovevano venir raccomandate per l'eccellenza dei loro costumi.

Alla donna "onesta di costume" si oppone dunque la "prostituta". Il termine "prostituta" veniva collegato quasi automaticamente al palcoscenico, non era infatti inconsueto sentir dire che un marito "prostituiva" la moglie sulle scene dei teatri intendendo dire semplicemente che ella si esibiva pubblicamente nei teatri d'opera. Ne è un esempio l'atteggiamento manifestato nei confronti della "canterina" e capocomico Giulia o Ciulla di Caro (1646-1697), definita "Comediante Cantarinola, Armonica Puttana"[71] da un

---

[67] Ivi, pp. 370-371.
[68] Cfr. G. Maugras, *Les comediens hors la loi*, Calmann Lévy, Paris 1887, p. 217.
[69] B. Croce, op. cit., p. 372.
[70] Ivi, p. 373.
[71] Ivi, p. 168 (nota 2).

cronista napoletano del 1671 e "(…) dama di Bordello e ricca e musica"[72] secondo un'altra cronaca che la vede convitata del vicerè del regno di Napoli nel novembre 1673, in occasione di uno spettacolo della compagnia dei Febi armonici.

Le cantanti: cortigiane o suore

Una donna giovane, vocalmente dotata, doveva spesso scegliere fra il divenire cortigiana e il farsi suora; queste due condizioni sono state spesso unite come due estremi. Le giovani indirizzate al canto che dimostravano poco talento venivano solitamente internate in convento; alcuni genitori di giovani cantanti sfruttavano i talenti delle figlie per ricavarne denaro, con la chiara intenzione di costringerle a farsi suore in un secondo tempo. Inoltre, nel corso del XVII secolo in Italia, la condizione femminile ritenuta ideale, quella di moglie e madre, era inaccessibile a molte giovani le cui famiglie non erano in grado di procurare una dote. Anche l'ammissione in convento richiedeva una dote, seppur modesta, era tuttavia pensabile che ad una ragazza che fosse stata in grado di cantare, suonare uno strumento ed insegnare musica, venisse comunque concesso di accedere al chiostro.

Per buona parte del Seicento una cantante poteva condurre una carriera continuativa solo all'interno di una corte; tra la corte e il convento esisteva uno spazio ambiguo in cui un'artista poteva procurarsi, direttamente o indirettamente, contratti occasionali remunerati, ma al prezzo di essere considerata una cortigiana o di dover ricorrere costantemente a protettori che si facessero garanti della sua integrità morale. Di qui il generarsi di un diffuso bisogno di protezione maschile altolocata, i patroni.

---

[72] Ivi, p. 175. A questo interessante personaggio Croce dedica l'XI paragrafo della prima parte del suo scritto, pp. 167-184.

Alcuni agenti, che reclutavano cantanti per i principi, scrissero di una cantante: "canta in maniera che gusterà a V.A. et anco è di quelle che si pol dormire seco col lume";[73] si trattava evidentemente di una cortigiana dichiarata. Le carriere di questo genere di cantanti, chiamate anche "puttane commedianti", erano di breve durata; anche per loro poi la scelta era fra l'esilio ed il chiostro.

Nell'ultimo quarto del Seicento si assiste ad un notevole allentamento del vincolo del patronato; sebbene continuassero a sopravvivere gli antichi preconcetti sulla rispettabilità delle cantanti, alle professioniste di primo piano era praticamente concessa ampia autonomia. Il termine "cortigiane" era riservato alle interpreti del nuovo genere comico, le cui avventure consistevano in una serie disordinata di rapporti amorosi con nobili, di tentate fughe amorose, aborti, gravidanze, travestimenti da uomini, arresti, espulsioni, temporanei e talvolta scandalosi internamenti in convento.

Nei primi decenni del Settecento l'assenza di un patrono era una condizione in qualche caso rischiosa, ma considerata ormai praticabile.

Nel corso del XIX secolo la vera preoccupazione per le cantanti era ormai quella di evitare lo scandalo pubblico, salvaguardando apparenze rispettabili. Dal primo Ottocento, infatti, le cantanti venivano ormai considerate valide professioniste: dominavano l'orizzonte operistico italiano in virtù delle loro competenza tecnica e della loro abilità vocale; non si disdegnava che una cantante, accanto a tutte le competenze necessarie, avesse anche un prestante *physique du rôle*.

Durante il periodo napoleonico numerose cantanti di elevata estrazione sociale, provenienti da famiglie nobili decadute, confluirono nella carriera operistica, conquistando ampia accettazione sociale, unita a guadagni ragguardevoli che

---

[73] H. Prunières, *L'Opéra italien en France avant Lulli*, Champion, Paris 1913, p. 139.

consentivano loro di mantenere se stesse e la propria famiglia. Lontane dunque da ogni forma di sospetto ed estranee alle pratiche di protezione, le cantanti avevano finalmente conquistato i loro ruoli.

È interessante rilevare che già Benedetto Marcello, seppure con linguaggio satirico, sembrava indicare una certa autonomia della cantante in seno alla famiglia; Marcello suggeriva infatti alla virtuosa, il cui proposito di ricoprire il ruolo di prima donna in una produzione operistica non fosse andato a buon fine, di accontentarsi di una parte minore e, richiesta interessante, di pretendere che al suo fianco fosse impiegato un uomo al quale essa era legata tramite un vincolo di natura familiare/sentimentale o artistica, che non coincide con la figura stereotipata del *signor Procolo protettore*:

> "Quando però non sortisca alla Virtuosa di ciò conseguire, si accorderà non ostante per la Seconda, Terza e per la Quarta ancora, facendo ella parimente una Scrittura avvantaggiosa a norma di musico e se avesse Zio, Fratello, Padre, Marito, Suonatore, Musico, Ballarino, Compositore, etc., pretenderà ch'egli pure venga impiegato."[74]

Musiciste - compositrici: gli Ospedali veneziani

Per ragioni di ordine sociale e politico, le donne non hanno avuto accesso alla composizione musicale: il loro accesso alla conoscenza musicale non oltrepassava che occasionalmente lo stadio di arte minore.

Lasciando nella loro educazione delle lacune fondamentali si intendeva impedire loro di accedere totalmente alla cultura. Tuttavia, in risposta a questo tipo di segregazione, numerose musiciste componevano, dando il loro contributo all'evoluzione musicale. Alcune di esse componevano sotto pseudonimi maschili allo scopo di aggirare le proibizioni, altre consentivano che le loro creazioni fossero attribuite a mariti, fratelli o padri, altre ancora componevano di nascosto all'interno dei conventi. Una testimonianza letteraria di

---

[74] B. Marcello, op. cit., p. 28.

questo stato di segregazione è la lettera scritta da un'orfana dell'Ospedale della Pietà, Lavinia, che aveva composto delle cantate, dei concertini e un oratorio completo per Pasqua, in segreto, imitando la scrittura di Vivaldi:

> "Capisci, non avevo altro mezzo, mai mi prenderebbero sul serio, mai mi permetteranno di comporre. La musica degli altri è come un discorso rivolto a me, io devo rispondere e sentire il suono della mia voce: più ne ascolto e più so che il mio canto e il mio suono sono diversi. (...) Povera me se se ne accorgono (...)."[75]

Sfortunatamente, Lavinia fu scoperta e punita. L'orchestra di donne, religiose e pensionanti, dell'Ospedale della Pietà a Venezia, che dava regolarmente concerti sotto la direzione del maestro di violino Antonio Vivaldi nella seconda decade del XVIII secolo, è tuttavia una delle rare eccezioni. In questo conservatorio la pericolosità delle donne artiste veniva contenuta dall'istituzione stessa. Le virtuose costituivano, coi loro talenti, il "materiale" a disposizione di Vivaldi. Queste musiciste venivano chiamate con il loro nome seguito da quello dello strumento suonato: maestra Lucieta della viola, maestra Cattarina dal cornetto, maestra Silvia dal violin, maestra Luciana organista.

Rousseau ci lascia un grottesco quadro della sua eccezionale visita alle virtuose dell'Ospedale della Pietà di Venezia:

> "*Ce qui me désoloit étoit ces maudites grilles qui ne laissoient passer que des sons, & me cachoient les anges de beauté dont ils étoient dignes. Je ne parlois d'autre chose. Un jour que j'en parlois chez M. Le Blond, si vous êtes curieux, me dit-il, de voir ces petites filles, il est aisé de vous contenter. Je suis un des administrateurs de la maison. Je veux vous y donner à gouter avec elles. Je ne le laissai pas en repos qu'il ne m'eût tenu parole. En entrant dans*

---

[75] Cfr. il racconto di Anna Banti, *Lavinia fuggita*, in A. Banti, *Le donne muoiono*, Giunti, Firenze 1998, pp. 81-112, p. 101, cfr. altresì Y. Bessières, P. Niedzwiecki (a cura di), *Femmes et Musique*, supplemento al n. 22 di "Femmes d'Europe", ottobre 1985, pp. 3-89.

le sallon qui renfermoit ces beautés si convoitées, je sentis un frémissement d'amour que je n'avais jamais éprouvé. M. Le Blond me présenta l'une après l'autre, ces chanteuses célèbres, dont la voix & le nom étoient tout ce qui m'étoit connu. Venez, Sophie...Elle étoit horrible. Venez, Cattina...Elle étoit borgne. Venez, Bettina...La petite vérole l'avoit défigurée. Presque pas une n'étoit sans quelque notable défaut. Le bourreau rioit de ma cruelle surprise. Deux ou trois cependant me parurent passables: elles ne chantoient que dans les choeurs. J'étois désolé."[76]

Fin quasi alla fine del Settecento l'Italia contava un gran numero di scuole musicali, spesso legate, secondo differenti formule, alla Chiesa. Napoli si distingueva per le scuole musicali maschili, Venezia invece era celebre per le sue scuole musicali femminili, i cosiddetti *ospedali*, che vantavano validissime orchestre femminili. Queste scuole erano in genere state fondate come orfanotrofi e in teoria continuavano ad esserlo, come si può dedurre dal significato originale della parola conservatorio, ossia "ricovero".[77]

Charles Burney durante il suo *Viaggio musicale in Italia* nel 1770, dal 3 al 18 agosto visita la città di Venezia lasciandoci numerose testimonianze riguardanti i quattro più importanti conservatori della città:

"La città è rinomata per i suoi conservatori, o scuole di musica che sono in numero di quattro: l'Ospedale della Pietà, i Mendicanti, gli Incurabili e l'Ospedaletto a S.Giovanni e Paolo; in ognuno di questi conservatori si dà un concerto il sabato e la domenica sera e nelle festività solenni. Alla sera mi recai alla Pietà; (...) gli esecutori, sia vocali che strumentali, sono tutte fanciulle: suonano l'organo, i violini, i flauti, i violoncelli e persino i corni.

---

[76] J.J.Rousseau, *Les Confessions*, Fauche- Borel, Neuchatel 1790, Tome III, Seconde Partie, Livre Septieme, pp. 77-78. Cfr. altresì E. Pieiller, *Musique maestra*, Editions Plume, Paris 1992, pp. 137-138.

[77] Riguardo all'internamento assistenziale che risponde all'esigenza di protezione - controllo - disciplinamento cfr. A. Groppi, *I conservatori della virtù. Donne recluse nella Roma dei papi,* Laterza, Bari 1994 e L. Ferrante- M. Palazzi- G. Pomata (a cura di), *Ragnatele di rapporti. Patronage e reti di relazione nella storia delle donne*, Rosenberg & Sellier, Torino 1988.

(...). Queste fanciulle sono ospitate qui finché non si sposano, e tutte quelle che dimostrano attitudini musicali studiano sotto la guida dei migliori maestri d'Italia."[78]

Nobili, borghesi e artigiani garantiscono la loro protezione a queste istituzioni e contribuiscono al loro mantenimento.

"(...) mi recai all'ospedale de' Mendicanti che ospita fanciulle orfane cui viene insegnato a cantare e a suonare; alla domenica e nei giorni festivi esse cantano in coro durante le funzioni religiose. (...) Mi parve che queste fanciulle accompagnassero le voci meglio di quelle della Pietà."[79]

La visita di Burney agli *ospedali* veneziani prosegue:

"Di là mi recai all'Ospedaletto (...) Anche qui il canto è affidato a fanciulle orfane.(...) Negli ospizi e nelle chiese, dove non è consentito applaudire come si fa all'opera, gli spettatori tossiscono, si schiariscono la voce e si soffiano il naso per esprimere la loro approvazione. (...) Il Signor Latilla (...) dice che i Conservatori sono stati istituiti a Venezia circa duecento anni fa, come ospizi; che in un primo tempo veniva insegnato alle fanciulle soltanto il <canto firmo> e la salmodia, come si fa nelle nostre parrocchie; ma in seguito si insegnò loro il canto a più voci e infine alle voci furono aggiunti gli strumenti. (...) alle fanciulle più anziane è affidata l'istruzione musicale di quelle più giovani. Al <Maestro di Cappella> è affidato solamente l'incarico di comporre e di dirigere."[80]

Ancora musica alla Pietà:

"L'orchestra di questo Conservatorio è assai numerosa poiché delle oltre mille fanciulle ospitate nell'istituto ben settanta sono musiciste, sia cantanti sia strumentiste, mentre in ognuno degli altri tre ospizi non ve ne sono che quaranta, secondo quanto mi disse il signor Latilla, e sono scelte tra cento orfanelle, come esige il primo regolamento. Si è dato però il caso che una fanciulla dotata di una buona voce venisse ammessa in questi ospizi anche prima di rimanere orfana. (...) Il Conservatorio della Pietà è stato sempre il più rinomato per la sua orchestra, quello dei Mendicanti per le sue voci. (...)

[78] C. Burney, op. cit., p.138.
[79] Ivi, pp.140-141.
[80] Ivi, pp.141-142; 149.

> Attualmente, per merito del signor Galuppi, le esecuzioni degli Incurabili sono ottime (...) Segue l'Ospedaletto che occupa lo stesso posto degli altri due istituti; sembra così che la Pietà goda della più alta reputazione come scuola, non per quello che vi si fa ora ma per quello che vi è stato fatto in altri tempi."[81]

Altre scuole erano annesse ai seminari degli ordini monastici o al coro delle cattedrali e dei santuari. Il progressivo declino degli ordini monastici nel corso del tardo Settecento condurrà rapidamente alla decadenza di questa gloriosa tradizione di insegnamento.

A partire dal XIX secolo molte di queste scuole scompariranno. La risposta dei governi napoleonici si concretizzerà allora nella fondazione di nuove scuole di musica statali o comunali sul modello del *Conservatoire* di Parigi creato durante la Rivoluzione.

---

[81] C. Burney, op. cit., pp. 153-154.

L'amore tragico. Abbandono e infanticidio nella tarda età moderna

di Giovanna Tinunin

Il matrimonio, sia esso religioso o civile, è l'erede diretto del matrimonio cattolico tridentino e il risultato storico di trasformazioni successive che questo ha subito sulla base di spinte provenienti dall'alto e dal basso. Dall'alto perché esso ha dovuto confrontarsi con gli orientamenti dei diversi poteri statuali e dal basso perché ha dovuto imporsi su comportamenti e pratiche radicati nelle popolazioni, frutto di tradizioni antichissime spesso antecedenti al cristianesimo.[1]

Per quel che concerne l'atteggiamento di parte ecclesiastica, possiamo parlare di un'esigenza continua di controllo sulle pratiche matrimoniali, che venne esplicitata dal frequente intervento in materia matrimoniale da parte della Chiesa fin dai primissimi secoli della sua storia. Con il Concilio di Trento (1545-63) si arrivò ad una sistemazione definitiva delle norme sancite nei secoli precedenti e si

---

[1] Per una trattazione generale dell'argomento v. F. Brandileone, *Saggi sulla storia della celebrazione del matrimonio in Italia*, Hoepli, Milano 1906; J. Gaudemet, *Il matrimonio in Occidente* [1987], tr. it. Einaudi, Torino 1989; M. De Giorgio e C. Klapisch-Zuber (a cura di), *Storia del matrimonio*, Laterza, Roma-Bari 1996, pp. 151-214. Analisi più specifiche si trovano in L. Accati, *Il mostro e la bella. Padre e madre nell'educazione cattolica dei sentimenti*, Raffaello Cortina, Milano 1998; Eadem, *La sposa in prestito. Soggetto collettivo, soggetto individuale e conflitto politico (1566-1759)*, in Società italiana delle storiche (a cura di), *Discutendo di storia. Soggettività, ricerca, biografia*, Rosenberg & Sellier, Torino 1990; I. Fazio, *Percorsi coniugali nell'Italia moderna*, in M. De Giorgio e C. Klapisch-Zuber (a cura di), op. cit.; L. Guerci, *La sposa obbediente. Donna e matrimonio nella discussione dell'Italia del Settecento*, Tirrenia Stampatori, Torino 1988; M. Pelaja, *Matrimonio e sessualità a Roma nell'ottocento*, Laterza, Roma-Bari 1994.

gettarono le basi della dottrina del matrimonio cristiano moderno. Questa operazione di "definizione" di una mole di norme non costrette in un *corpus* giuridico ordinato partì dal desiderio di affermare definitivamente un controllo, che si era andato rinsaldando fin dal IX secolo,[2] operando nella direzione di un'omologazione di pratiche molto diverse fra loro.[3]

Il decreto *Tametsi,*[4] uniformando il rituale nuziale, al di là di usi consuetudinari e situazioni locali anche molto diverse, stabiliva la pubblicità della celebrazione e l'obbligo che il rito venisse officiato da un parroco, in presenza di testimoni, dopo tre settimane di pubblicazione dei bandi in Chiesa. Queste pratiche sancivano un controllo pressoché assoluto sull'unione matrimoniale e lo trasformavano definitivamente in ambito di competenza della gerarchia ecclesiastica.[5]

In pratica, ci sarebbero voluti almeno due secoli, perché la pratica sociale e i comportamenti privati si adeguassero alle prescrizioni del Concilio. Infatti, nonostante le chiare prescrizioni del Concilio, "l'importanza attribuita alle promesse, o sponsali, si mantiene per lungo tempo e, durante tutto il '600, le disposizioni rivelano che la "copula carnale" – talvolta anche la coabitazione – segue quasi

---

[2] G. Duby, *Il matrimonio medievale,* tr. it. Mondadori, Milano 1994, pp. 25-41.

[3] L'impossibilità d'imporre una pratica unificata degli usi nuziali ad un panorama sfaccettato e complesso, come quello dell'Occidente cristiano medievale, aveva portato, da parte della Chiesa, alla tolleranza diffusa verso l'autonomia delle situazioni locali, purché non intaccassero il principio della volontà libera degli sposi nel contrarre matrimonio, elemento che rimarrà inalterato nel corso dell'evoluzione del matrimonio cattolico.

[4] Per un'introduzione allo svolgimento storico e agli effetti dottrinali del Concilio di Trento si veda A. Prosperi, *Il Concilio di Trento: una introduzione storica*, Einaudi, Torino 2001. Per un'analisi dettagliata del decreto si rimanda al saggio di Lorella Tessarotto, contenuto in questo volume.

[5] V. D. Lombardi, *Fidanzamenti e matrimoni dal Concilio di Trento al '700*, in M. De Giorgio e C. Klapisch-Zuber (a cura di), op. cit., pp. 215-250.

sempre la promessa, dando spesso luogo alla gravidanza; se pure viene avvertita la necessità di formalizzare l'unione anche agli occhi della Chiesa, la promessa mantiene immutati i suoi effetti sociali di legittimazione della coppia nei confronti della comunità."[6]

Negli archivi criminali[7] si possono trovare numerose tracce della resistenza incontrata dall'idea di un matrimonio fondato sulla pubblicità e sulla cerimonia nuziale, invece che sulla promessa e la convivenza. Interessanti "resistenze" all'affermarsi dell'idea nuova di matrimonio le cogliamo soprattutto in quelle fasce basse della popolazione, che non hanno lasciato altre testimonianze della loro esistenza, al di fuori degli squarci aperti nelle loro vite dal potere intrusivo della giustizia. Gli archivi giudiziari sono forse gli unici luoghi che conservino tracce significative di esistenze altrimenti destinate all'oblio.

A partire dai processi come eventi particolari[8] si può studiare il matrimonio attraverso l'analisi di comportamenti che sembrano

---

[6] S. Cavallo- S. Cerutti, *Onore femminile e controllo sociale della riproduzione in Piemonte tra Sei e Settecento*, in "Quaderni Storici", 44, XV, 1980, p. 347; vedi anche A. Palombarini, *La seduzione con "promessa di matrimonio"*, in A. Pasi- P. Sorcinelli, *Amori e trasgressioni. Rapporti di coppia tra '800 e '900*, Dedalo, Bari 1995; M. Pelaja, *La promessa*, in M. De Giorgio e C. Klapisch-Zuber (a cura di), op. cit.

[7] A proposito delle potenzialità racchiuse in essi, Paolo Sorcinelli ha scritto: "Il processo per il ricercatore va dunque ben oltre gli schemi creati dalle dottrine e dalle interpretazioni giuridiche: acquista una dimensione interpretativa extragiudiziaria in quanto pone accusati e testimoni, giudici e difensori nella condizione di rivelare aspetti della loro vita e della loro visione culturale che nessuna altra fonte potrebbe altrimenti permetterci di ricostruire con la stessa precisione." P. Sorcinelli, *Il quotidiano e i sentimenti. Introduzione alla storia sociale*, Bruno Mondadori, Milano 1996, p. 163; vedi anche dello stesso autore, *Storia e sessualità. Casi di vita, regole e trasgressioni tra Ottocento e Novecento*, Bruno Mondadori, Milano 2001.

[8] Il materiale archivistico cui si farà riferimento nel corso del saggio consiste in: 14 processi criminali, conservati presso l'Archivio di Stato di Venezia (d'ora in avanti ASV), celebrati secondo il rito del Consiglio dei Dieci e riguardanti casi d'infanticidio verificatisi nel territorio della Repubblica fra la metà e la fine del

testimoniare una “resistenza” alle pratiche imposte dal diritto canonico tridentino. In questo senso, può essere utile interrogare i documenti d’archivio su quella famiglia di reati legati alla sessualità extra-matrimoniale, come la seduzione, lo stupro, la filiazione illegittima e, soprattutto, l’infanticidio. Lo studio dell’infanticidio si rivela, infatti, significativo per individuare il senso, sia del modello matrimoniale basato sulla pubblicità, sia della maternità legittima, all’interno del contesto cattolico post- tridentino.

Infanticidio: storia di un reato

Lo sviluppo storico del reato d’infanticidio è stato molto singolare.[9] Punito con la pena di morte nel mondo romano-cristiano, secondo i dettami della *Lex Pompeia*, per secoli l’infanticidio viene rubricato nei codici d’ispirazione romanistica come parricidio. In quanto reato di sangue che offende il grado più stretto di parentela, viene punito durante il Medioevo con la pena del *culleus*. Questa procedura, sicuramente seguita dagli inizi del II sec. a.C. fino all’ VIII sec. d.C. e poi sostituita dagli animali feroci e dal rogo, consisteva nel chiudere il condannato in un otre di pelle bovina, in compagnia di un gallo, un cane, una scimmia e un serpente.

’700; 35 sentenze di processi per seduzione, stupro e infanticidio, dello stesso periodo, relative all’area friulana ed istriana.

[9] Sul reato e sulla sua storia si veda E.A. Ambrosetti, *L’infanticidio e la legge penale*, Cedam, Padova 1992; W.L. Langer, *Infanticidio: una rassegna storica*, in T. Mckeown, *L’aumento della popolazione nell’area moderna* [1976], tr. it. Feltrinelli, Milano 1979; D. Visca, *Il sesso infecondo. Contraccezione, aborto e infanticidio nelle società tradizionali*, Bulzoni, Roma 1977. Per quanto riguarda la Repubblica Veneta vedi C. Povolo, *Aspetti sociali e penali del reato d’infanticidio. Il caso di una contadina padovana nel ‘700*, in “Atti dell’Istituto Veneto di Scienze, Lettere ed Arti”, CXXXVIII, 1979-80, pp. 415-432; Idem, *Note per uno studio dell’infanticidio nella repubblica di Venezia nei secoli XV-XVIII*, in “Atti dell’Istituto Veneto di Scienze, Lettere ed Arti”, CXXXVII, 1978-79, pp. 115-131; Idem, *Il processo Guarnieri (Buie-Capodistria, 1771)*, Società storica del Litorale, Capodistria 1996.

Dopodiché il *culleus* veniva gettato in acqua. Durante il sedicesimo secolo Claro e Farinaccio, giuristi famosi, spiegano come in realtà alla pena del *culleus,* nonostante il continuo riferimento ad essa nei manuali giuridici, si fosse presto sostituita quella della decapitazione. Probabilmente, la stranezza della pena (più immaginaria che reale) offriva sul piano simbolico una buona rappresentazione della gravità del reato.

Fino al diciannovesimo secolo l'infanticidio nei codici è regolamentato come parricidio od omicidio aggravato, punibile pertanto con pene molto severe. Il motivo di tale classificazione e della severità della pena che ne derivava si può riassumere in due punti:

- La vittima ha una totale incapacità a difendersi e l'omicidio è senz'altro premeditato, in quanto non si può presumere che una donna sia colta alla sprovvista dal parto.
- L'infanticidio procurato dalla madre viene sentito come lesivo del vincolo di sangue che la unisce al figlio. Oltre a negare il vincolo naturale fra madre e figlio, la soppressione di un neonato offende il lignaggio nel suo insieme. L'uccisione di un bambino in una società fondata sui lignaggi rischia di minarne le basi stesse, in quanto interrompe la continuità fra generazioni. In società tradizionali basate su parentele e gruppi famigliari i figli sono infatti i perpetuatori del sistema del lignaggio.[10]

In Francia, il famoso editto del 1556 emanato da Enrico II, con cui si imponeva alle donne incinte di dichiarare la propria condizione con una *Déclaration de grossesse,* nel tentativo di arginare il fenomeno degli infanticidi, stabiliva la pena di morte per la madre

[10] Questo fu vero almeno per tutto il '500, dopodiché il reato d'infanticidio seguì la parabola discendente del sistema sociale basato sull'onore e sulla parentela. Più si allentavano le maglie di quest'ultima, maggiore era la propensione a considerare la soppressione di un neonato un reato autonomo.

infanticida. Allo stesso tempo, obbligava alla segnalazione del nome del seduttore. Le *Déclarations*, di cui troviamo ancora tracce nella Toscana di fine Settecento, erano state pensate sia per tutelare le ragazze sedotte e abbandonate, sia per controllare più attentamente le gravidanze illegittime e i loro esiti. Dichiarare la propria gravidanza e sopprimere il bambino una volta nato sarebbe stato poco prudente, di certo il modo migliore per attirare su di sé l'attenzione della legge. Simile per ispirazione la pratica bolognese d'età moderna secondo cui le madri illegittime venivano iscritte da massari e levatrici su appositi registri, conservati presso l'Ospedale dei Bastardini, che consentivano comunque alla madre di rimanere anonima.[11] La giustizia inglese seguiva una strada simile. Giacomo I, con un editto del 1624, aveva confermato anch'egli la pena di morte per questo tipo di reato, ma durante il diciottesimo secolo non era già più in vigore.

Nel contesto degli stati italiani, in età moderna, l'infanticidio era ugualmente punito con pene molto severe, tra le quali il rogo e la forca. In ambito veneto, almeno per quanto riguarda la Terraferma, si giunge molto tardi ad una definizione giuridica del reato come crimine a se stante. Diversamente da quanto avveniva nella Dominante, infatti, lontana dalla cultura giuridica giustinianea, gli statuti veneti seguivano l'orientamento del diritto romano. Nella *Pratica Criminale* di Antonio Barbaro, famoso testo giuridico del diciottesimo secolo, non troveremo in alcun indice la voce "infanticidio". Il reato viene preso in considerazione, ma all'interno della voce "parricidio", e qui leggiamo che "Le Madri, quali strozzano, o soffocano li proprj figli, sono ancor esse soggette a pena di Patricidio."[12]

---

[11] Si veda A. Bianchi, *"L'elemosina di un bambino". Pratica e controllo dell'abbandono all'Ospedale dei Bastardini (secc. XVI-XVIII)*, in "Sanità, Scienza e Storia", n. 2, 1989.

[12] A. Barbaro, *Pratica criminale,* Giuseppe Bortoli, Venezia 1739, p. 256.

Questo atteggiamento si inserisce perfettamente nell'orientamento europeo. Vediamo anche un altro testo molto importante, strumento quotidiano di consultazione per gli uomini di legge[13] del diciottesimo secolo. Marco Ferro, nel *Dizionario del diritto comune e veneto,* testo di ampio respiro, dettagliato ed esteso, introduce la voce "Infanticidio". L'intera voce si limita a poche righe:

> "L'infanticidio è il delitto di quello o di quella che procura la morte al proprio figliolo. In generale ogni uomo che uccide merita la morte, e a più forte ragione la merita quello che ammazza il proprio suo figlio, poiché una tale azione fa fremere la natura. Le donne e le fanciulle che fanno perire i loro frutti durante la gravidanza coll'aborto, o con bevande, o in altro modo, commettono l'infanticidio al pari di quelle che fanno perire i loro figliuoli col ferro, o altrimenti dopo il loro parto."[14]

Francamente, ci si potrebbe aspettare qualche riferimento più esteso ad un crimine la cui efferatezza è così sottolineata. Al contrario, non troviamo qui nessun riferimento all'evoluzione storica del reato, metodo espositivo che Ferro segue per altre problematiche, quando si dilunga su usi e costumi giuridici di popolazioni antiche, alternando all'esposizione delle leggi, racconti, aneddoti e riferimenti classici, oppure alla pena che la legge considera consona per punire questo tipo di reato. Niente di tutto questo, come si è visto, solo poche righe. Per trovare una trattazione aggiuntiva dell'argomento dobbiamo ricorrere anche questa volta alla lettura della voce "parricidio", dove finalmente si legge che "si comprende sotto questo termine ogni omicidio commesso nella persona dei figliuoli, dei nipoti, o di altri discendenti in linea retta."[15] Per quanto riguarda,

---

[13] Dalla lettura accurata degli incartamenti processuali emerge, infatti, un'aderenza a tratti sconcertante tra le parole dei procuratori e le voci dei manuali di procedura penale.

[14] M. Ferro, *Dizionario del diritto comune e veneto*, A. Santini e figlio, Venezia 1847 (1768-71[1]), p.106.

[15] Ivi, p. 395.

invece, la tradizionale pena del *culleus*, dobbiamo ricorrere alla più ampia voce sull'omicidio.

Diversa era la situazione su territorio imperiale. A partire dalla *Constitutio Criminalis Carolina* del 1532 viene introdotta una mitigazione della pena per la madre infanticida, condannata ad una più "misericordiosa" morte per annegamento, mentre prima veniva sepolta viva. Per la prima volta l'infanticidio di un figlio illegittimo viene disciplinato come reato autonomo. Il vero cambiamento consisteva infatti nella derubricazione dal reato di parricidio. Questa nuova attitudine giuridica si affermerà pure con il codice austriaco del 1803. Il codice penale napoleonico del 1810 ristabilirà la pena di morte per il reato d'infanticidio, definito come omicidio qualificato. Tuttavia, già nel 1824 essa verrà sostituita nel codice penale francese con i lavori forzati a vita.

Il diciannovesimo secolo segna una svolta, preceduta ed accompagnata da un diffuso movimento di pensiero, nella valutazione dell'infanticidio come delitto autonomo con trattamento sanzionatorio meno grave.[16] Proprio durante il corso dell'Ottocento si definiscono i termini moderni del reato. Per quanto riguarda l'elaborazione della dottrina giuridica ottocentesca và precisato che non costituisce soltanto una tappa nel processo storico di configurazione del reato d'infanticidio, ma riflette un cambiamento, una trasformazione culturale del quadro sociale. Dobbiamo tener

---

[16] La mitigazione della pena verrà ripresa successivamente dai codici degli stati preunitari della penisola. Il codice del Regno delle Due Sicilie (1819), quello di Parma, Piacenza e Guastalla (1820) e quello sardo (1839) prevedevano tutti una pena più leggera per la madre infanticida della prole illegittima. Una clemenza maggiore mostrava il codice penale del Granducato di Toscana del 1853, il cui spirito informerà il codice Zanardelli. Per un'ampia trattazione dei codici penali preunitari e repubblicani, in relazione a questi reati, si veda E.A. Ambrosetti, op. cit.

[17] Cfr. M. Foucault, *Sorvegliare e punire* [1975], tr. it. Einaudi, Torino 1976; per l'area veneta F. Bianco, *Storie raccontate e disegnate. Cerimonie di giustizia capitale e cronaca nera nelle stampe popolari e nelle memorie cittadine tra '500 e '800*, E. & C. Edizioni, 2001.

conto dell'intreccio fra diversi processi storici. In primo luogo, occorre valutare l'evoluzione storica del diritto e delle dottrine penalistiche, che si muovono dall'idea medievale della pena pesante e pubblica,[17] esercitata da un potere di controllo forte a quella ottocentesca, basata sulla prevenzione di crimini e sulla rieducazione dei criminali secondo il poderoso dibattito settecentesco sulla giustizia e sui rapporti tra Stato e cittadini. In questa mutata "economia del castigo" si inserisce la definizione del reato in questione. Riferimento obbligato per il rapporto fra reato e pena all'interno del discorso riformista settecentesco è lo scritto di Cesare Beccaria, *Dei delitti e delle pene,*[18] in cui si legge:

> "L'infanticidio è parimente l'effetto di una inevitabile contraddizione, in cui è posta una persona, che per debolezza o per violenza abbia ceduto. Chi trovasi tra l'infamia e la morte di un essere incapace di sentirne i mali, come non preferirà questa alla miseria infallibile a cui sarebbero esposti ella e l'infelice frutto? [...] Io non pretendo diminuire il giusto orrore che meritano questi delitti; ma, indicandone le sorgenti, mi credo in diritto di cavarne una conseguenza generale, cioè che non si può chiamare precisamente giusta (il che vuol dire necessaria) una pena di un delitto, finché la legge non ha adoperato il miglior mezzo possibile nelle date circostanze d'una nazione per prevenirlo."[19]

Com'è noto, *Dei delitti e delle pene* costituisce un contributo fondamentale alla discussione settecentesca sulla legislazione penale e sull'impiego della tortura e della pena di morte come punizione per i reati più gravi. Le tesi di Beccaria tendono a dimostrare che la prevenzione e l'eliminazione delle condizioni in cui matura un gesto criminoso sono più proficue della punizione a posteriori. L'atto criminale nasce in particolari situazioni sociali che la legge ha il dovere di prevenire e di cui deve tener conto in sede di giudizio. In caso d'infanticidio condannare la madre, che ha ceduto per

---

[18] C. Beccaria, *Dei delitti e delle pene* [1764], Einaudi, Torino 1994.
[19] Ivi, p. 78.

"debolezza" o per "violenza" ad un rapporto sessuale, a pene troppo severe sarebbe doppiamente ingiusto. La legge, condannando la madre nubile infanticida a pene gravi, aggiunge all'ingiustizia dell'infamia che circonda la maternità al di fuori del matrimonio la propria incapacità di eliminare la fragilità sociale della donna.

In secondo luogo, va tenuto conto del particolare allarme sociale creato dai reati contro l'infanzia, resi più odiosi di un tempo da un mutato "sentimento dell'infanzia", per dirla con Ariès, che vuole il bambino centro affettivo attorno al quale si stringe la famiglia moderna.[20] In questo senso può essere utile un raffronto fra processi per infanticidio settecenteschi ed altri di fine Ottocento.[21] Risulta evidente la diversità con cui si parla, in sede processuale, della vittima. Nei processi di fine '700 la sensibilità dimostrata verso il bambino è quasi inesistente. Più che di bambini si parla di feti, parti, cadaveri, talvolta creature. Anche nei processi per seduzione e

---

[20] Sull'argomento vedi P. Ariès, *Padri e figli dal Medioevo all'età moderna* [1973], Laterza, Roma-Bari, 1989; E. Becchi, D. Julia (a cura di), *Storia dell'infanzia*, Laterza, Roma-Bari 1996; L. Trisciuzzi, *Il mito dell'infanzia. Dall'immaginario collettivo all'immagine scientifica*, Liguori, Napoli 1990. Sulla storia della famiglia più in generale M. Barbagli, *Sotto lo stesso tetto. Mutamenti della famiglia in Italia dal XV al XX secolo*, Il Mulino, Bologna 1984; M. Barbagli, D.I. Kertzer (a cura di), *Storia della famiglia italiana 1750-1950*, Il Mulino, Bologna 1988; J. Casey, *La famiglia nella storia* [1989], Laterza, Roma-Bari 1991, M. Barbagli, D.I. Kertzer, *Storia della famiglia in Europa. Dal Cinquecento alla Rivoluzione Francese* [2001], tr. it. Laterza, Roma-Bari 2002.

[21] Per una descrizione dei processi di fine ottocento si rimanda a Rossella Selmini in *Profili di uno studio storico sull'infanticidio*, Giuffrè, Milano 1987. Lo studio parte proprio dall'analisi di processi per infanticidio giudicati dalla Corte d'Assise di Bologna dal 1880 al 1913. Relativi a questo periodo sono anche M.P. Casarini, *Il buon matrimonio. Tre casi di infanticidio nell'Ottocento*, in "Memoria", 7, 1983, pp. 27-36; M. Pelaja, *Istinto di vita e amore materno. Un infanticidio del 1882*, in "Memoria", 1, 1981; G. Pomata, *Madri illegittime tra ottocento e novecento: storie cliniche e storie di vita*, in "Quaderni Storici", 44, XV, 1980, pp. 497-542; Eadem, *"Madri snaturate". La mania puerperale nella letteratura medica e nella pratica clinica dell'Ottocento*, in G. Fiume (a cura di), *Madri. Storia di un ruolo sociale*, Marsilio, Venezia 1995.

gravidanza in cui ci sia stata esposizione l'interesse dei giudici, ma anche della madre e dei suoi famigliari, per la sorte del bambino abbandonato è pressoché nulla. Orsola Simongich, sedotta con promessa di matrimonio e abbandonata dal proprio seduttore, partorisce il 25 novembre 1762 una bambina. La bimba, subito dopo essere stata battezzata, viene mandata a casa del padre, che la fa trasportare a sua volta al pio Ospedale di Udine. Benché l'episodio venga raccontato sotto giuramento, sul destino e sulla salute della bambina non verrà effettuata alcuna indagine.[22]

Infanticidio ed esposizione: i due aspetti di un problema

Tra Sette e Ottocento l'inurbamento e l'industrializzazione portano ad un indebolimento delle reti comunitarie di assistenza e controllo sui comportamenti sessuali e sulle relazioni fra i sessi. D'altra parte, l'aumento delle nascite illegittime e degli abbandoni richiede interventi da parte dei governi a tutela dell'infanzia. L'infanticidio diventa un reato proprio di alcune classi sociali e di specifiche figure femminili (contadine e domestiche). Ci si trova di fronte a tre problemi interconnessi: l'intervento pubblico a favore dell'infanzia, il delinearsi dell'infanticidio come frutto di situazioni sociali precise

[22] Un atteggiamento simile è stato riscontrato da Madile Gambier, nell'analisi delle testimonianze di donne coinvolte in processi per deflorazione nell'ambito di uno studio sulla situazione della donna rispetto alla giustizia penale veneziana: "Quello che ugualmente stupisce è, però, come l'esistenza di un figlio non si faccia minimamente sentire, neanche indirettamente, nelle parole di queste donne. Per accentuare la miseria della loro situazione non sottolineano il dolore del distacco, né per impietosire la giustizia citano qualche ricordo intenerito della creaturina, né per mettere maggiormente in cattiva luce la figura del defloratore evidenziano la sua freddezza nei riguardi della paternità e la mancanza del legittimo affetto per il figlio. Il figlio c'è, c'è stato, è al Pio Luoco della Pietà, di più non è dato di sapere." In M. Gambier, *La donna e la giustizia penale veneziana nel XVIII secolo*, in G. Cozzi (a cura di), *Stato, società, giustizia nella Repubblica veneta (secc.XV-XVIII)*, Jouvence, Roma 1980, p. 543.

e infine il passaggio, nei codici penali, ad una nuova configurazione del reato in cui l'infanticidio è punito con pene più miti rispetto all'omicidio. Cerchiamo di analizzare questi tre aspetti del problema seguendo il tracciato delle fonti processuali dei processi per infanticidio.

Il problema della soppressione dei neonati si allaccia a quello dell'abbandono d'infante, fenomeni in crescita esponenziale a partire dagli ultimi decenni del diciottesimo secolo,[23] segnali inequivocabili delle drammatiche condizioni di vita in cui versavano larghissimi strati di popolazione. A metà del diciannovesimo secolo l'attenzione rivolta ai problemi della maternità e dell'infanzia farà parte dell'interesse più ampio per i modi e le condizioni di esistenza delle classi popolari.

Il problema dell'infanzia abbandonata si faceva sentire, in modo più pressante, soprattutto in alcune aree della penisola, per esempio la Lombardia, dove lo sviluppo delle attività manifatturiere e industriali impegnava larghe quote di manodopera femminile e dove le autorità cittadine tentavano di risolvere il problema con l'istituzione di "asili"e "scuole", soprattutto per bambini in età prescolare. A stimolare un'analisi più attenta dei problemi connessi al mondo dell'infanzia da parte di intellettuali, filantropi e operatori del settore medico contribuì, forse in misura maggiore, la portata macroscopica del fenomeno dell'esposizione. Questa pratica, seppur

[23] Per una panoramica europea si veda J.P. Bardet, O. Faron, *Bambini senza infanzia. Sull'infanzia abbandonata in età moderna*, in E. Becchi, D. Julia (a cura di), *Storia dell'infanzia*, cit., vol. II, pp. 100-131. Per l'area italiana nel suo complesso cfr. G. Da Molin, *Illegittimi ed esposti in Italia dal Seicento all'Ottocento*, in *La demografia storica delle città italiane*, Clueb, Bologna 1982. Per l'area veneta v. C. Povolo, *Dal versante dell'illegittimità. Per una ricerca sulla storia della famiglia: infanticidio ed esposizione d'infante nel Veneto nell'età moderna*, in L. Berlinguer, F. Colao, *Crimine, giustizia e società veneta in età moderna*, vol. IX, Giuffré, Milano 1989.

conosciuta da secoli, assunse, tra la fine del diciottesimo secolo e il diciannovesimo secolo, dimensioni allarmanti da piaga sociale.

Fino a tutto il XVII secolo ad ingrossare le fila dell'infanzia abbandonata erano stati soprattutto i figli legittimi, affidati al brefotrofio per motivi economici. Per una famiglia delle classi popolari, nella quale anche la donna era chiamata a prestare la propria forza-lavoro al di fuori dell'ambito domestico, allevare un bambino comportava spesso un peso insopportabile. Non sempre, però, l'abbandono veniva vissuto come scelta definitiva. Al contrario, il ricorso all'istituzione poteva essere transitorio, almeno nelle intenzioni delle famiglie, rappresentando un buon modo per superare una fase economicamente difficile, senza rinunciare per sempre ai propri figli. Una testimonianza del fatto che la scelta del brefotrofio costituisse, nella mentalità popolare, una soluzione passeggera si ricava dallo studio dei messaggi e degli oggetti di riconoscimento che accompagnavano, di frequente, i bambini esposti. Non era raro che, oltre al certificato di battesimo, i genitori dichiarassero il proprio nome e quello del bambino e l'intenzione di riprendere con sé il figlio, quando fosse stato loro possibile. Per questo motivo, insieme ad immaginette votive a scopo protettivo, venivano posti negli involti che contenevano il bambino esposto oggetti che avrebbero permesso il futuro riconoscimento.[24] Se è vero quindi che infanticidio ed esposizione possono essere letti come aspetti complementari della storia sociale e come sintomo delle condizioni di vita terribili in cui vivevano ampie porzioni di popolazione, è altrettanto vero che i sentimenti che stanno alla base dei due fenomeni sono molto diversi. L'abbandono è stato studiato a lungo come prova dell'indifferenza dei genitori verso i figli, partendo dal presupposto che l'alto tasso di mortalità infantile fosse

[24] Su quest'aspetto del fenomeno, anche in una prospettiva di storia dei sentimenti all'interno della famiglia, si veda il saggio di Franca Doriguzzi, *I messaggi dell'abbandono: bambini esposti a Torino nel '700,* "Quaderni Storici", 53, XVIII, 1983, pp. 445-468.

inversamente proporzionale al grado di attaccamento sviluppato nei confronti dei propri figli. Hunecke, nel suo studio sull'infanzia abbandonata a Milano fra diciassettesimo e diciannovesimo secolo,[25] ha fortemente contestato l'"indifferenza" che sarebbe alla base dell'abbandono: "Nel caso di Milano sembra piuttosto che i genitori espositori si comportassero così non tanto perché pensavano al proprio benessere e a quello dei loro figli non esposti, quanto perché non avevano assolutamente altra scelta."[26] Lo sforzo enorme e crescente richiesto all'amministrazione pubblica a partire dal diciottesimo secolo, porterà verso la metà del secolo successivo alla chiusura di molte "ruote" o perlomeno alla distinzione fra esposti legittimi ed illegittimi.

Una delle alternative possibili all'abbandono presso istituzioni preposte all'accoglimento dell'infanzia consisteva in un'altra pratica allora molto diffusa: il baliatico.[27] L'uso di affidare i neonati a nutrici che vivevano nella stessa casa dei genitori, o che tenevano il bambino con sé, in un ambiente diverso, per esempio in campagna, era un'abitudine diffusa da molto tempo presso le famiglie facoltose.[28] Contro questa consuetudine aveva preso posizione, dalla metà del Settecento, in tutta Europa, una nutrita pubblicistica che sosteneva, forte di argomentazioni di tipo medico, igienico, ma anche morale, la superiorità dell'allattamento materno rispetto al baliatico. Nel periodo di cui stiamo parlando è difficile quantificare l'adeguamento ai nuovi dettami da parte delle classi meno abbienti. Si può però ipotizzare che le condizioni di vita, soprattutto in

[25] V. Hunecke, *I trovatelli di Milano, bambini esposti e famiglie espositrici dal XVII al XIX secolo*, Il Mulino, Bologna 1988.

[26] Ivi, p. 34.

[27] V. G. Da Molin (a cura di), *Trovatelli e balie in Italia. Secc. XVI-XIX*, Cacucci, Bari 1994.

[28] Tuttavia, forme di baliatico erano praticate anche nelle famiglie con minori risorse.

ambiente urbano a causa del lavoro extra-domestico, non favorissero certo l'adozione di questo nuovo stile di cura dell'infanzia.[29]

Di fatto, l'abbandono e l'infanticidio si configurano sempre più come reati tipici di alcune classi sociali, le più misere, e di alcune figure femminili, ad esempio braccianti, serve e operaie. Anche in ambito veneziano, scorrendo le sentenze settecentesche emesse dai Rettori di Terraferma, relative al Friuli e all'Istria veneta, si riscontra fra le madri accusate d'infanticidio la presenza predominante di serve, braccianti a giornata e categorie non specificate, orfane di padre che non vivono più con la famiglia d'origine. Questa caratterizzazione sociale della madre infanticida è stata riscontrata in molti altri contesti europei. Malcomson, per esempio, in uno studio sulla società inglese settecentesca, ha osservato che essendo la maggior parte delle giovani nubili impiegate come serve, non solo era molto allentato il controllo famigliare e comunitario sui loro comportamenti sessuali prima del matrimonio, ma anche era altissimo il tasso di gravidanze illegittime che si concludevano con la soppressione del neonato. Essendo il frutto di relazioni clandestine, in cui il seduttore non sarebbe stato costretto a sposare o dotare la ragazza, un figlio avrebbe significato un marchio indelebile per la reputazione della donna e, spiega lo studioso, in una realtà cittadina industrializzata come quella londinese, costituiva spesso il primo passo verso una vita "ai margini", caratterizzata dalla precarietà lavorativa e dalla miseria, molto spesso dalla criminalità o dalla

---

[29] Una rassegna di studi relativi a questo fenomeno si trova in V. Maher (a cura di), *Il latte materno. I condizionamenti culturali di un comportamento*, Rosenberg e Sellier, Torino 1992. Per quanto riguarda lo stretto legame fra politiche a favore dell'allattamento materno e costruzione settecentesca della figura materna, si veda E. Badinter, *L'amore in più. Storia dell'amore materno* [1980], tr. it. Longanesi, Milano 1981.

prostituzione.[30] Flandrin definisce “amori tragici”[31] le relazioni che coinvolgevano e portavano alla gravidanza ragazze nubili. Ragazze povere o sole, sfuggite per diversi motivi al controllo famigliare, intrecciavano rapporti con uomini impossibilitati a sposarle. Braccianti od operai che non potevano racimolare la somma necessaria per cominciare una nuova vita di coppia, uomini sposati, preti erano i seduttori che segnavano la vita di queste donne: “Gli amori che conosciamo meglio -poiché hanno lasciato traccia negli archivi giudiziari o parrocchiali- sono gli amori tragici: si concludono in generale con una nascita fuori dal matrimonio, con il disonore della giovane madre abbandonata dall’amante, con l’abbandono o la soppressione del neonato, con la fuga della madre dal villaggio, talvolta con il suo arresto e la sua esecuzione.”[32]

Maria e il bambino nel materasso

Nel 1772, il tribunale di Tolmezzo giudica Maria di Leonardo, per l’omicidio del proprio figlio. La donna, nubile, lavora come serva in una casa di Sappada, che ha lasciato diverso tempo prima dell’inizio del processo. La denuncia viene presentata dal Degano di Sappada in riferimento ad un fatto avvenuto nell’autunno del 1768. Allora Maria lavorava in casa della famiglia Dollaro, dove pure viveva. Una sera

---

[30] “*In eighteenth-century England an unmarried woman who found herself pregnant, and with no foreseeable prospects of a respectable marriage, had good reason [...] to despair of her situation. The social and economic consequences of unwed motherwood were very serious indeed. If a girl was a servant – and a high proportion of young women were – knowledge of her pregnancy would result in immediate dismissal; she would probably receive no character reference, and there would be little chance of her being taken into service again. In all probability she would be virtually stigmatized for life.*” R.W. Malcomson, *Infanticide in the Eighteenth Century*, in J. Cockburn, *Crime in England (1500-1800)*, London 1977, p. 192.

[31] J.L. Flandrin, *Gli amori contadini* [1975], A. Mondadori, Milano 1980.

[32] Ivi, p. 173.

di maggio, dopo che già aveva dato segni di malessere, alimentando un "universale sospetto di esser gravida per la gonfiezza del proprio ventre, e per certi dolori", imputati dai vicini a qualcosa di più che un semplice mal di pancia, si ritira nella propria camera:

> "Fattisi in una di quelle sere con maggior forza del solito sentire li dolori stessi, si fosse posta a letto, dove visitata replicatamene da persone note alla Giustizia, procurato abbia di restar sola in camera, e nel proprio letto col pretesto di volersi acquietare; gli fossero anche delle persone, che andavanla visitando scoperti li lenzuoli del letto in più parti lordi, e tinti di sangue, ma venendo questo attribuito ad altre naturali cagioni venisse lasciata in abbandono, e sola, continuando per altro essa Inquisita per il corso di quella notte a lagnarsi di acerbi dolori di quando in quando venisse visitata da persona pur nota alla Giustizia, quantunque essa Inquisita non volesse prender alcun cibo, onde liberarsi dell'incomodo, mà persistesse nel procurar di rimaner sola nella camera".[33]

Secondo la ricostruzione ufficiale, durante la notte Maria avrebbe partorito un bambino e lo avrebbe nascosto fra le pieghe del suo materasso. Il parto è vissuto nella più completa solitudine e già in questo si discosta dalle modalità abituali con cui veniva affrontato nella società del tempo. La "scena del parto" è una scena corale in cui la partoriente è circondata da altre donne. Parenti, vicine, levatrici, di solito donne già spose e madri, accorrono al suo capezzale per aiutarla a superare la soglia fondamentale della maternità.[34] Il parto comporta un cambiamento di *status* della donna e si svolge fra il pubblico ed il privato, all'interno di forme di socialità femminile. L'infanticida invece partorisce da sola, in angoli appartati della casa o nella sua camera, quando ne ha una, spesso in

---

[33] ASV, Camerlengo del Cons. X, *Raspe*, Busta 29, Patria.

[34] Cfr. C. Pancino, *Il bambino e l'acqua sporca. Storia dell'assistenza al parto dalle mammane alle ostetriche (secc. XVI-XIX)*, Franco Angeli, Milano 1984; Eadem, *Donne, levatrici e parto dall'antico regime alla fine del XIX secolo*, in G. Bock, G. Nobili (a cura di), *Il corpo delle donne*, Transeuropa, Ancona-Bologna 1988, pp. 72-73.

un momento di pausa del lavoro agricolo, in posizioni precarie e senza alcun tipo di assistenza. Anche per Maria deve essere stato così. Poco dopo quest'episodio, la famiglia per cui lavora la licenzia dal suo servizio e la sostituisce con un'altra ragazza. Maria sparisce e di lei non si saprà più niente, tant'è che al processo sarà giudicata in contumacia. Quella che la sostituisce comincia a lamentarsi che il letto che le è stato assegnato diffonde un odore nauseabondo. Tuttavia, la padrona non interviene subito, evidentemente incurante delle richieste della ragazza. È solo nella primavera inoltrata dell'anno seguente, forse seguendo un rituale stagionale di pulizia generale della casa, che viene cambiata la paglia del letto della servetta:

> "Essendo stata licenziata essa Inquisita dal proprio servizio dalla suddetta Maria Dollaro, prendesse questa altra giovine per serva, a cui essendo destinato il letto, su cui dormiva essa Inquisita, sentisse la subentrata serva, che dal letto stesso esciva un puzzolente odore, per la qual cosa lagnatasi più volte colla padrona di casa, si risolvesse indi nella susseguente Quadragesima di mutar la paglia di quel letto, nel qual'atto trovasse frammischiato colla paglia un involto di lacera strazza tramandante fetido odore, che non curandolo lo gettasse nel necessario di quella casa".[35]

Solo in un secondo momento verrà recuperato l'"involto", contenente "un cadaverino umano reso fracido, e spolpato." In breve tempo, i padroni di casa ricordano il passaggio di Maria e il sospetto dei vicini per quel ventre che si ingrossava senza motivo. Infatti, "divulgatosi tal rinvenimento venisse imputata la Inquisita per madre di detta Creaturina". Probabilmente, il licenziamento dipendeva anche, se non solo, da questo vociferare che attirava un tipo di attenzione poco gradita sulla famiglia Dollaro. Maria, *citata*, ma sempre contumace, non si presenta e viene condannata, per "presunto eccidio del proprio parto" e per aver agito "contro le Leggi Divine ed

---

[35] Ibidem.

Umane", a sette anni di bando continuo da tutti i territori della Repubblica.

La storia di Maria è simile, nella sua drammaticità, a quella di tante altre, di cui si conserva memoria solo negli archivi giudiziari. La cosa più sorprendente è la totale assenza anche del più piccolo accenno all'uomo che l'ha resa gravida. Contrariamente ai fascicoli contenenti processi per seduzione con promessa, in cui spesso un paese intero sfilava davanti al cancelliere per rilasciare una deposizione, un pettegolezzo o l'opinione sulla fama di una giovane, nei processi per infanticidio prevalgono le formule burocratiche. Denunce di degani o di parroci solerti, perizie mediche, descrizioni anatomiche di feti straziati, sono tutto quello che abbiamo per ricostruire l'intera vita, o una parte, di queste poverette. Dove prima c'erano vicini indiscreti e parenti preoccupati, qui abbiamo a che fare con donne sole, che per qualche motivo non sono riuscite a far rientrare una pratica sessuale "illecita" nei confini accettati dell'istituzione matrimoniale. È come se la povertà e l'isolamento di queste ragazze, costrette a lasciare la famiglia e la protezione che deriva da padri e da fratelli per poter sopravvivere, le avesse rese invisibili. Questo aspetto, riscontrato anche in analisi storiche relative a periodi successivi, sembra essere una costante della figura dell'infanticida. Senza voler parlare dei numerosi esempi di nubili infanticide che la letteratura sette e ottocentesca offre, possiamo constatare come la condizione umile della madre infanticida sia un tratto costante, riscontrabile pure nei processi della fine dell' '800 e dei primi decenni del secolo successivo. Prendiamo ad esempio i casi triestini studiati da De Rosa, relativi agli anni 1878-92. L'autrice stessa spiega che "si tratta, tranne che in un caso sui ventuno esaminati, di serve di origine contadina [...] lontane da casa, vittime della seduzione, che si erano lasciate "usare carnalmente" con la promessa di matrimonio, ma anche con la violenza."[36]

La "pubblica voce"

I processi cominciano spesso con il ritrovamento di un feto. In questi casi, la giustizia si muove sulla spinta di denunce di varia origine: degani di paese tenuti ad informare gli organi competenti della Dominante su episodi di sangue, parroci preoccupati dello scandalo causato da relazioni illecite al di fuori del matrimonio, pubblici chirurghi. In diversi casi d'infanticidio il nome della presunta madre circola in paese non appena viene ritrovato un feto ucciso. Talvolta anche prima, nel senso che i vicini o il parroco si preoccupano di avvisare in anticipo il rettore della comunità quando una ragazza nubile visibilmente ingrossata torna improvvisamente ad una forma fisica migliore. La "voce pubblica" spesso individua l'infanticida prima della scoperta del cadavere di un neonato oppure indirizza le indagini a ritrovamento avvenuto verso la possibile responsabile.

Eufemia Stuparich, vedova di Rovigno, viene arrestata e processata per infanticidio. Tempo prima aveva avuto una relazione sessuale con un uomo che nel processo non compare nemmeno. Il paese la controllava da tempo a causa del ventre che le si era visibilmente ingrossato. La preoccupazione era arrivata ad un livello tale che il parroco, "nello studio di opporvi rimedio, si portasse alla di lei casa, per rilevar prima da essa la verità, e per esibirle assistenza". Il parroco si convince della sua innocenza, ma quando una mattina i vicini vedono tornare Eufemia dai campi senza più pancia, manda da lei una levatrice per visitarla.

---

[36] D. De Rosa, *Il baule di Giovanna. Storie di abbandoni e infanticidi*, Sellerio, Palermo 1995, p. 2.

"Trascorsi in seguito quindici giorni circa, passasse essa Inquisita [...] di buon mattino nei propri campi [...] e ritornata poscia verso la metà della mattina stessa alla sua Casa venisse visitata da una levatrice della villa spedita dal Parroco per certificarsi positivamente delle voci, che in prevenzione si erano sparse in aggravio di essa Inquisita, e fosse allora ritrovata sgravata del parto".

La "prevenzione" arriva troppo tardi, ma basta ad allarmare "gli uomini di quel Comune", ai quali Eufemia confessa dopo qualche reticenza "di aver soltanto abortito all'occasione di trovarsi quella mattina stessa sotto certa pianta individuata de suoi campi".

Le relazioni illecite sono sempre conosciute, specie nei paesi piccoli. Mentre in quelle che si possono concludere con il matrimonio la comunità attua, anche se in modo sempre più lieve, un controllo sul seduttore, quando una ragazza ha una relazione con un uomo impossibilitato a sposarla, perché già sposato o prete o suo datore di lavoro, la vigilanza riguarda unicamente la donna.

Maria, una relazione "scandalosa"

Verso la fine dell'estate 1766 il vescovo Stefano di Leoni di Cittanova deposita presso il foro laico un memoriale contro il curato Giacomo Menghin. L'uomo intrattiene da tempo una relazione, definita "scandalosa" dai compaesani, con Maria Trollo. Il vescovo stesso interviene più volte per correggere il comportamento del canonico, ottenendo solo vaghe promesse mai mantenute. Non essendo riuscito a placare lo scandalo chiede al Consiglio dei Dieci di intervenire. I rappresentanti locali del governo veneziano istruiscono pertanto il processo, spinti dalle voci che indicano in Menghin addirittura un infanticida. Ufficialmente però l'indagata è la sua amante, Maria. I compaesani vengono chiamati a deporre sulla relazione. Uno di loro dichiara:

"Sarà un anno circa che la famiglia del Trollo andò a coabitare in casa del canonico e curato Don Giacomo Meneghini, non so figlio di chi, né di qual luogo, e dicesi che faccia il reverendo Meneghini l'amore cola detta Maria.[...] Fu detto anche ch'essa Maria abbia procreato col detto Menghin una creatura".

Quello che emerge da questa e da altre testimonianze è che don Menghin non solo mangiava, ma anche dormiva a casa del chirurgo Trollo, padre di Maria. La sua relazione con Maria era talmente nota che lei viene definita da più testi "la donna del canonico": "Una giurata, ed altre non giurate deposizioni, riferivano in pessimo concetto Maria Trollo chiamata in Cittanova la concubina di quel religioso".

Da una deposizione riservata emerge poi un sospetto condiviso all'interno del paese. Maria avrebbe partorito due bambini, frutto della relazione con il prete, facendoli "sparire" con l'aiuto della propria sorella. Subito dopo il primo parto Angela, la sorella,

> "sentendo i gemiti di quella nascente creatura e per non lasciare esposta la sorella alla vista degli altri di casa gettasse dalla finestra sopra un letamaio quel parto, poi passasse [...] a tutto coprirlo sotto il letamaio [...] e che ricevesse in premio di ciò due petizze dal Curato Meneghini reso consapevole dell'opera".

Una volta diffusa la voce di questa prima gravidanza non provata, a Maria verrà imputata anche la maternità di un bambino abbandonato sugli scalini di una chiesa.

> "Il secondo parto poi fu di una bambina ritrovatasi esposta fuor della Chiesa di S. Croce, situata di fuori della città, e che parimenti imputata venne alla sventurata Maria, come un effetto dell'amicizia sua col Curato, e per la circostanza, che fosse stata molto tempo prima, e che ancora allor si trovasse a letto sotto il pretesto di male. Il fatto dell'invenzione della bambina egli è certo, ma che fosse parto della nominata Maria non ha in processo maggior fondamento".

Contro Maria e contro il suo amante non si procederà oltre per mancanza di prove e soprattutto perché non c'era traccia del primo parto nel luogo di cui i testi avevano parlato. È comunque interessante notare come l'attenzione degli inquirenti si rivolga immediatamente verso la relazione illecita più nota in paese.

Dai processi emergono frequentemente vicini che controllano i movimenti delle nubili sospette o pongono domande insistenti sul loro stato di salute. La contessa Cecilia Banca si informa più volte sul gonfiore del ventre di Angela, sua vicina di casa che incontra ogni mattina al pozzo:

> "Aveva una ciera piuttosto cattiva e meco si lamentava che aveva dei incomodi, e le dimandai se aveva delle ostruzioni: mi disse che temeva appunto di aver tal incomodo, e che prendeva dei Rimedij che le aveva ordinato un dottore da Vicenza, ma che non serviva alcuna ricetta".

La contessa non crede alla spiegazione di Angela e decide di tenerla d'occhio. Un giorno, incuriosita dai lamenti che provengono dalla casa dove la ragazza vive con un prete (suo amante e padre del bambino che aspetta), decide di verificare i suoi sospetti:

> "Trovai Angela a letto che angustiava dai dolori, e si contorceva, e trovai in casa una tal Santa, di cui non so il cognome che soleva andar in casa del Prete a farle dei servizi. [...]Tutto ad un tratto sentii nel letto come un gran schioppo solito a succedere quando una gravida è per partorire, e se le rompe l'acque. Allora abbandonai qualunque riguardo ponendomi in gelosia di quello che dovevo capire, e non avevo prima pensato. Levai la coperta a quella ragazza, e volendo vedere essa non voleva, ma io ho voluto osservare, e viddi l'acqua nel letto, ed il segno di sangue".

Si accerterà in seguito che la contessa aveva in effetti assistito ai primi momenti del travaglio. Tuttavia non è lei che avvisa i governatori del comune. Il pubblico chirurgo incontra Angela nei giorni seguenti, non vedendola più gonfia si allarma e chiede spiegazioni al prete. Solo a questo punto il religioso confessa "il parto di quella giovine, e di averlo seppellito". Sul seduttore, in quanto prete, non è possibile fare pressione prima del parto perché risarcisca l'onore perduto della madre nubile. L'unica cosa che si può ottenere da lui è una confessione a posteriori, non certo una riparazione.

La verginità perduta: dalla promessa al dramma sociale

La seduzione, la deflorazione e la gravidanza di una giovane nubile non portano necessariamente all'infanticidio. In diversi casi si verifica un abbandono, ma troviamo anche casi di ragazze che, rientrate in seno alla famiglia, decidono di allevare il loro bambino. Al contrario, la decisione, ammesso che si possa parlare di premeditazione, di uccidere il proprio figlio viene presa da donne che non si possono rivolgere alla giustizia veneta, o al foro ecclesiastico, chiedendo di essere sposate o dotate dal proprio amante. Fino a tutto il Seicento e ancora nei primi decenni del Settecento il potere giudiziario non farà altro che riconoscere la funzionalità del sistema di auto-regolazione interno alle comunità che imponeva al seduttore di sposare o dotare la nubile sedotta e abbandonata.[37] Parliamo ovviamente di una società in cui il matrimonio consisteva ancora in una promessa seguita dal rapporto sessuale e dalla coabitazione, non del matrimonio tridentino, il cui fulcro era lo sposalizio vero e proprio, legittimato dalla presenza di un sacerdote.[38] Il seduttore che,

---

[37] Su seduzione, risarcimento, onore restituito si veda G. Alessi, *Il gioco degli scambi: seduzione e risarcimento nella casistica cattolica del XVI e XVII secolo*, in "Quaderni Storici", 75, XXV, 1990, pp.805-31; Eadem, *L'onore riparato. Il riformismo del Settecento e le "ridicole leggi" contro lo stupro*, in G. Fiume (a cura di), *Onore e storia nelle società mediterranee*, La Luna, Palermo 1989; S. Cavallo-S. Cerutti, *Onore femminile e controllo sociale della riproduzione in Piemonte tra Sei e Settecento*, cit.; G. Cozzi, *Padri, figli e matrimoni clandestini (metà sec. XVI-metà sec. XVIII)*, in "La cultura", XIV, pp.169-213; G. Ruggiero, *"Più che la vita caro": onore, matrimonio e reputazione femminile nel tardo rinascimento*, in "Quaderni Storici", 66, XXII, 1987.

[38] Come dice Prosperi, "i riti e i tempi cerimoniali connessi erano stati quelli lenti e ritmati che erano richiesti dalla lunga maturazione delle strategie familiari nel contesto di una società innervata dalla presenza di legami di alleanza parentale. La scelta fatta dal Concilio di Trento sostituì a quei riti di passaggio un sacramento che

dopo una relazione nota alla comunità, voleva abbandonare la propria amante, veniva costretto a sposarla e, nei casi più estremi, poteva essere denunciato all'autorità civile. La ragazza, da parte sua, doveva dimostrare di aver ricevuto la promessa di matrimonio dall'uomo e non doveva negare i rapporti sessuali intercorsi. Al contrario, questi rappresentavano, se provati e consumati nel contesto della promessa di matrimonio, un mezzo efficace per costringere il seduttore a sposarla.

Nel corso del '700, di pari passo con i grandi dibattiti sulla giustizia e sui costumi cui abbiamo accennato, il vincolo della promessa appare sempre più come lo strascico di una società arretrata e lo strumento femminile di scalata sociale per eccellenza, specie nei casi in cui il seduttore sia di *status* sociale più elevato rispetto alla sedotta. Più ci si avvicina alla fine del Settecento più le sentenze dimostrano che la promessa perde progressivamente d'importanza e che le reti di sostegno, costruite su rapporti formali e informali che si dispiegano su più livelli all'interno delle comunità di villaggio, non funzionano più come prima.

La regolazione dei conflitti è affidata sempre di più ad organi esterni alla comunità, all'autorità delle famiglie si sostituisce quella del giudice. Il risultato di questo processo è la progressiva scomparsa della figura del seduttore dalla scena della seduzione. La copula carnale e la promessa non si svolgono più sotto il controllo della comunità di villaggio e così i rapporti prematrimoniali cessano di essere un reato perseguito dai codici, diventando il bersaglio principale di una morale sessuale più rigida.

Durante il settecento l'indebolimento delle reti comunitarie di assistenza e solidarietà e "la minor tutela esercitata sulla parola maschile lasciano aperti all'uomo larghi margini di licenza",[39]

---

nel momento stesso in cui avveniva cambiava bruscamente lo *status* di chi lo praticava; il deperimento degli sponsali ne fu la necessaria conseguenza." A. Prosperi, op. cit., p. 136.

[39] V.A. Palombarini, *La seduzione con promessa di matrimonio*, cit., p. 53.

lasciandogli per esempio la facoltà di disinteressarsi di un eventuale figlio: il diritto al matrimonio o alla dote e l'obbligo di mantenimento del figlio naturale da parte del padre lentamente decadono. Questo fenomeno è strettamente legato allo sfaldamento del sistema comunitario e all'incipiente rivoluzione urbana. Se è vero che "affrancandosi dagli stretti confini locali, dall'appartenenza alla comunità d'origine e dai vincoli a vita, gli abitanti delle grandi città diventano geograficamente e socialmente più mobili",[40] è vero anche che per le donne questa libertà ha un prezzo. Con l'indebolimento delle reti sociali di sostegno fornite dalla parentela la posizione della nubile deflorata e ingravidata al di fuori del matrimonio si fa sempre più pesante. Prima, infatti, la comunità poteva esercitare un controllo sui rapporti prematrimoniali e sul seduttore, garantendo una forma di risarcimento dell'onore femminile perduto. Ora, invece, la regolamentazione dei rapporti sessuali non è più affidata ad un controllo sociale esterno e si rinchiude entro i margini della vita "privata" dei singoli individui. La rispettabilità di una donna equivale sempre più alla conservazione della verginità fino al matrimonio. La verginità perde quel margine di spendibilità che aveva nel contesto della promessa; la donna che accetta un rapporto sessuale con un uomo impossibilitato a sposarla si pone esplicitamente al di fuori della prospettiva matrimoniale. Il codice dell'onore, che funziona solo in vista di un esito istituzionale, non la protegge più, al contrario, marchia più che mai la sua maternità come illegittima. In vista del matrimonio la tutela garantita dal codice dell'onore agisce prima o immediatamente a ridosso del parto, attraverso forme codificate di pressione sul seduttore. La gravidanza illegittima, ponendosi al di fuori dei confini della logica matrimoniale, determina la condanna morale della madre. È il parto a rappresentare il punto di

---

[40] Sul percorso dell'individualismo nella società europea e sul rapporto fra individuo e comunità si veda A. Laurent, *Storia dell'individualismo* [1993], tr. it. Il Mulino, Bologna 1994, pp. 49-50; N. Elias, *La società degli individui*, Il Mulino, Bologna 1990.

rottura fra un'applicazione protettiva e un'applicazione punitiva del codice dell'onore. Se il matrimonio è possibile la comunità consente un uso "strategico" della verginità femminile, sacrificabile momentaneamente in vista del matrimonio. Nei casi in cui il matrimonio appaia come prospettiva del tutto irrealizzabile la comunità interviene unicamente per sanzionare l'annullamento del valore contrattuale della verginità femminile. L'amministrazione della castità ricade interamente così sulle spalle della donna: solo a lei viene attribuita la responsabilità di aver utilizzato in modo improprio il suo unico "capitale" sociale.

In questo contesto, l'infanticidio rappresenta una scelta obbligata nel tentativo di riequilibrare la delicata economia dell'onore. La donna che lo commette è una poveretta che "non avendo coraggio di sostenersi in paese nel mezzo all'infamia propria", come recita una sentenza, deve scegliere fra la sopravvivenza del figlio e il mantenimento di una buona reputazione. Un'imputata di tentato aborto spiega: "Tutto il mio pensiero non era altro, che tener la cosa segreta."

L' "erosione delle tutele della comunità"[41] e la creazione di nuovi modi di vita daranno il colpo finale alla funzione protettiva del sistema dell'onore nei confronti delle donne. L'infanticidio si pone come unica soluzione possibile al problema dell'onore perduto all'interno di relazioni che non avranno mai un riconoscimento ufficiale ed è il probabile esito di una relazione sessuale sganciata dal controllo famigliare e comunitario. Questo spiega perché la maggior parte delle imputate sono o serve, per cui è impossibile pretendere di essere sposate dal proprio seduttore, che è anche il loro padrone, o concubine di preti. Nel caso dei padroni, sposati o non, che ingravidano le loro domestiche, la legge veneta prevedeva una forma, benché minima, di risarcimento in denaro. I religiosi, anche quando erano imputati di reati sessuali, pur generando "scandalo e

---

[41] Ivi, p. 49.

mal esempio",[42] se mantenevano le relazioni con ragazze nubili entro limiti accettabili, venivano nella maggior parte dei casi scagionati, in virtù del loro ruolo di seduttori anomali.[43] Non esiste seduzione dove non esiste inganno. Su che basi si può fondare una denuncia per deflorazione con promessa di matrimonio contro un uomo che non può sposarsi? Nel caso di un sacerdote cade proprio l'argomento principale, la donna sa che lui non la potrà sposare.

La promessa di un matrimonio futuro con un parente o conoscente è una della "lusinghe" più usate dai preti per convincere le ragazze ad acconsentire al rapporto sessuale. Giocando sull'ignoranza giuridica e sull'ingenuità di giovani povere, i preti si impegnano spesso a procurare loro un buon partito. Questo aspetto conta poco o nulla ai fini del risarcimento, perché la promessa non può impegnare altre persone. Come sa molto bene uno degli imputati: "Qual'è quella fanciulla tanto innocente, che voglia darsi in preda ad un Prete, che impedito da vincoli del suo carattere non può sposarla?" Il prete seduttore incontra meno difficoltà nel tentativo di far apparire la propria amante una prostituta, perché solo il miraggio di un tornaconto immediato e materiale potrebbe giustificare una tale leggerezza.

Abbandonata dal proprio amante, che evidentemente non può o non vuole sposarla, abbandonata dalla giustizia, che la condanna per condotta immorale e la sospetta di essere una prostituta, gravida e spesso senza famiglia in una società in cui il gruppo famigliare rappresenta una difesa, alla donna non rimangono molte possibilità al di fuori dell'infanticidio. Potrebbe allevare da sola il proprio bambino, ma è poi così facile per lei e per la società che la circonda pensare ad una maternità sganciata dal matrimonio?

---

[42] Espressione tipica e convenzionale usata nelle sentenze venete.

[43] Cfr. G. Scarabello, *Figure del popolo veneziano in un processo degli esecutori contro la bestemmia di fine '700*, in "Studi veneziani", XVII-XVIII (1975-76).

Legittimità e illegittimità: i confini della famiglia

L'idea di famiglia che una data società costruisce determina i confini della filiazione legittima. Ce lo ricorda un imputato veneziano, nel 1773, in un processo per seduzione, deflorazione, tentato aborto ed esposizione. Rispondendo alle accuse che lo volevano non solo autore della gravidanza, ma anche responsabile della morte del bambino esposto, Giacomo Sala spiega:

> "Altro è esponere il parto ossia abbandonarlo alla cura del pubblico per sottrarsi dall'obbligo, che incombe ai parenti di custodirlo, ed alimentarlo, rinunciando con ciò anche al diritto, che ha il padre sopra di lui. E questo è il delitto di cui parlano le leggi nel quale si verrebbe a incorrere anche mandando il figlio nato alli Ospitali a ciò destinati. Ma questo nel caso nostro non ha luogo, mentre ne vi è prova, che io sia il vero padre del bambino [...], ne per sentimento delli autori si considera delitto l'esponere il figlio spurio, ma solo il legittimo e altro è il mandarlo da se lontano, ed esporlo a pericolo evidente della vita".[44]

Le leggi venete, in proposito, sono molto chiare. Esiste una differenza fondamentale fra l'esposizione di un figlio legittimo e quella di un illegittimo. Come dice il Barbaro, "quelle poi che espongono li propri Parti, soggiacciono a pene estraordinarie, avutasi prima considerazione se sono legittimi, o naturali, perché esponendo questi, o non si punirebbono, o almeno con maggior mitezza."[45] Questo orientamento sembra confermato anche dalle disposizioni settecentesche sui criteri di accoglienza per gli ospizi per l'infanzia abbandonata situati in tutto il territorio della Repubblica. Infatti, se fino al sedicesimo secolo questi istituti erano aperti senza limitazioni sia ai bambini illegittimi che a quelli legittimi, a partire dal diciassettesimo secolo vennero posti dei limiti all'accoglimento dei

---

[44] ASV, Cons. X, *Processi delegati*, Bergamo, busta 22 (1773), Processo contro Prè Giacomo Sala, c.139.
[45] A. Barbaro, op. cit., p. 255.

figli legittimi.[46] Da questo momento in poi i bambini frutto di relazioni illegittime costituiranno la fascia più ampia dell'infanzia assistita.

Può essere interessante in questo senso l'unico caso di infanticida sposata rinvenuto fra i *Criminali* veneziani. Maria Bellidigh sposa il 9 novembre 1754 Nicolò di Sguardo, nascondendogli di essere già incinta. In aprile giunge al termine della gravidanza e "pensando la medesima con empia barbarie di coprire il proprio onore" partorisce il figlio in un fosso vicino a casa e poi lo uccide:

> "Assalita dalle doglie del parto, però cogliesse la congiuntura, che s'attrovava sola in casa, sia sortita dalla medesima, e ridottasi nel fosso contiguo alla siepe, che circonda l'orto di sua casa venisse di dare alla luce un bambino, e come si desume abbandonasse ogni riguardo dovuto alle Leggi Divine, ed humane e posposte quelle della natura venisse di privarlo spogliatasi dell'umanità, di vita".

Dopo qualche giorno il feto viene rinvenuto e la donna viene arrestata dietro denuncia del degano e del chirurgo del paese, oltre che dei cognati. Maria viene arrestata e processata. Il processo si concluderà con una condanna insolitamente pesante, cioè dieci anni di prigione. Pena pesante se si considera che molti dei casi analizzati si concludono con un'assoluzione. Evidentemente, la soppressione di un figlio nato comunque all'interno del matrimonio, cambia la posizione della madre infanticida. La madre nubile può essere giustificata dal desiderio di mantenere nascosta una gravidanza indesiderata, nel tentativo di mantenere intatto l'onore proprio e della famiglia. Al contrario, uccidere un figlio nato all'interno di un rapporto ufficiale, come il matrimonio, rappresenta un oltraggio non solo alla legge divina, ma anche alle forme di convivenza civile che determinano la coesione di un gruppo sociale:

---

[46] Povolo cita come esempi lampanti in questo sforzo di regolamentazione i casi di Padova e di Vicenza. Cfr. C. Povolo, *Dal versante dell'illegittimità*, cit., pp. 106-107.

> "[Il matrimonio] in senso teologico e naturale, significa l'unione volontaria e maritale di un uomo e di una donna liberi, collo scopo di aver figlioli. [...]Il fine poi del matrimonio è la procreazione dei figliuoli. [...] Si può considerare il matrimonio sotto due aspetti, cioè, come contratto naturale, e come contratto civile. Sotto il primo aspetto, il matrimonio è la prima e la più semplice di tutte le società, fonte della popolazione, e del genere umano. Siccome uno dei grandi oggetti del matrimonio è quello di togliere ogni incertezza delle unioni illegittime, la religione e le leggi civili v'impressero il loro carattere, affinché possa esso avere l'autenticità ricercata di legittimo, o d'illegittimo...".[47]

Nel corso del '700 si compie il processo di isolamento sociale della madre nubile: buon esempio ne sono anche i cambiamenti occorsi nella pratica di registrazione parrocchiale dei bambini nati al di fuori del matrimonio. Il parroco che li registra è infatti tenuto ad indicare l'identità del padre, per ovvi motivi di convenienza sociale, solo in caso di assoluta certezza. Di fatto, questo avverrà sempre meno, producendo il duplice effetto di deresponsabilizzare progressivamente il seduttore e di sancire l'esclusione sociale definitiva del frutto di una relazione illegittima. "Il bambino *illegittimo* viene lasciato a se stesso, il suo destino è segnato sin da prima della sua nascita. Un destino che lo condurrà ad essere abbandonato davanti alle porte di una chiesa o ad essere introdotto nel vuoto spesso senza ritorno della ruota".[48] La diminuita responsabilità del seduttore agisce direttamente sullo *status* del figlio naturale. Se il padre non viene più ritenuto responsabile e il rapporto sessuale prima del matrimonio è considerato una colpa, la donna deve farsi carico interamente del proprio onore sessuale. Poiché la nascita biologica non garantisce da sola l'inserimento del nuovo nato all'interno della comunità, essa deve essere confermata dall'assunzione pubblica di responsabilità da parte del padre. In caso contrario, il figlio naturale diventa "figlio di genitori ignoti",

---

[47] M. Ferro, op. cit., p. 252.
[48] C. Povolo, *Dal versante dell'illegittimità*, cit., p. 113.

trovatello e in quanto tale non ha diritto di inclusione nella società. Alla fine del secolo, Kant ricorda che

> "il bambino nato fuori dal matrimonio è fuori dalla legge (perché la legge è il matrimonio) e per conseguenza è anche fuori dalla protezione della legge: esso si è per così dire insinuato nella comunità (come una merce proibita), in modo che questa può ignorare la sua esistenza (poiché legittimamente esso non avrebbe dovuto esistere in qualche maniera) e quindi anche la sua soppressione."[49]

Emerge qui chiaramente il nesso tra matrimonio e maternità legittima. Secondo Kant, essendo il matrimonio l'unico ambito possibile per una filiazione legittima, poiché la legge *è* il matrimonio, l'illegittimo non può essere tutelato dallo Stato. Il figlio condivide pertanto la vulnerabilità della madre, che viene giustificata se decide di sopprimerlo poiché "non v'è decreto che possa risparmiare alla madre il disonore quando il suo parto fuori del matrimonio viene ad essere conosciuto."[50] A partire da questo è possibile leggere l'infanticidio come segno principale del difficile rapporto tra norma sociale e comportamenti privati concernenti maternità e matrimonio.

Maternità legittima e matrimonio rientrano dunque in un discorso più ampio sull'importanza della famiglia come cellula-base della società. La volontà chiara di regolamentarne le finalità e i confini all'interno dell'organizzazione dello Stato viene affermata per la prima volta nel *Code civil des Français* del 1804. Fra il 1804 ed il 1809 il Codice civile viene applicato in quasi tutta la penisola, modificando profondamente lo spirito delle leggi sulla famiglia. Infatti, anche dopo la Restaurazione, pur formulando codici nuovi, i legislatori riprenderanno i principi ispiratori del Codice napoleonico, abolendo solamente la possibilità di divorzio in esso contemplata. Il Codice era centrato sulla potestà maritale e paterna e prevedeva che la moglie ed i figli obbedissero al marito. Oltre a questo veniva

---

[49] I. Kant, *Metafisica dei costumi* [1797], tr. it. Laterza, Roma-Bari 1970, p. 170.
[50] Ibidem.

reintrodotto l'obbligo del consenso dei genitori al matrimonio dei figli minorenni, l'obbligo per i figli di rispettare il padre e l'impossibilità per la moglie di adire in giudizio senza l'autorizzazione maritale. I figli hanno diritto a succedere senza distinzione fra maschi e femmine e viene proibita la ricerca di paternità per i figli naturali. È solo il matrimonio, in quanto contratto, che designa il padre di famiglia e legittima il figlio. Ne consegue che "il bambino nato da una unione illecita non appartiene che a sua madre, poiché fuori dal matrimonio non c'è di certo che la maternità."[51]

All'interno dei vari codici che si susseguono a partire da quello Napoleonico si va delineando l'immagine di una donna la cui realizzazione sociale consiste nel generare figli legittimi all'interno del matrimonio. L'ideale rousseauiano di cura materna si impone come tratto distintivo dell'essere madre, utopia questa tanto più schiacciante in un periodo storico che vide il progressivo impoverimento di larghe fasce di popolazione e l'aumento di legittimi poveri esposti "nel corso del secolo si va consolidando quel sentimento della maternità, che seppure modellato sul ruolo femminile delle donne dei ceti borghesi e benestanti, viene lentamente esteso a coloro che per ragioni economiche, culturali e di costume erano state escluse dall'esercizio di questo ruolo".[52] In questa chiave, la maternità viene enfatizzata come finalità principale dell'essere donna ed acquista un peso particolare nella nuova economia famigliare. Al contrario, il varco che si apre fra figli legittimi concepiti all'interno di una famiglia legalmente riconosciuta ed illegittimi, cioè frutto di rapporti prematrimoniali o comunque non legalizzabili, segna il confine tra maternità "onorevole" e maternità illegittima. Il tentativo disperato di conservare l'onore proprio e della

---

[51] J. Mulliez, *La volonté d'un homme*, in J. Delameau, D. Roche (a cura di), *Histoire des pères et de la paternité*, Paris 1990, p. 296.

[52] G. Di Bello, P. Meringolo, *Il rifiuto della maternità. L'infanticidio in Italia dall'Ottocento ai giorni nostri*, Edizioni ETS, Pisa 1997, p. 55.

famiglia uccidendo il neonato diventa così l'attenuante giuridica principale nei processi per infanticidio. Uccidere per conservare il proprio onore, ricorda Ferro, è una forma di autodifesa.[53]

Parallelamente al processo di isolamento della madre nubile si afferma pertanto tra Settecento ed Ottocento, un'idea nuova di maternità, che si esplicita nella responsabilità esclusiva della madre verso il figlio. Il compito di accudire il figlio, "prima condiviso da più figure e decentrato in più luoghi, ora si cumula su una sola persona e si colloca attorno al focolare."[54] L'infanticidio rappresenta un punto d'osservazione unico per comprendere il difficile rapporto fra norma sociale e comportamenti privati in tema di matrimonio, soprattutto quando questo diventa l'ambito esclusivo di formazione della famiglia. Rientrando sempre più nella sfera d'influenza del codice civile, il matrimonio si carica fra diciottesimo e diciannovesimo secolo di significati ulteriori, legati all'affermarsi di un nuovo "sentimento della famiglia", in cui vengono ridefiniti i rapporti fra i coniugi, fra loro ed i figli, nonché il ruolo della donna al suo interno.

Matrimonio, Stato e famiglia

Abbiamo visto come le novità introdotte dal Concilio tridentino avessero tardato ad affermarsi nella pratica degli usi matrimoniali, ritardo favorito dall'ambiguità dei decreti conciliari sulla natura "pubblica" del matrimonio. La contrapposizione fra Stato e Chiesa, alimentata dal dibattito illuminista sui confini di competenza delle sfera religiosa e di quella civile, per il controllo sull'istituto matrimoniale, sarebbe culminata durante il Settecento

---

[53] "Gli omicidii permessi dalla legge sono quelli che si commettono ... per difesa non solo della vita, ma anche dell'onore", in M. Ferro, cit., p. 352.

[54] G. Fiume, *Nuovi modelli e nuove codificazioni: madri e mogli tra Settecento e Ottocento*, in M. D'Amelia (a cura di), *Storia della maternità*, Laterza, Roma-Bari 1997, p. 77.

nell'introduzione del matrimonio civile. Questo era stato introdotto in Italia, per la prima volta, in Lombardia nel 1784 per estensione di un decreto austriaco e sarebbe rimasto in uso, nei paesi che ruotavano nell'orbita francese, per tutto il periodo della Restaurazione. Abbiamo visto come il segnale più forte dell'intervento legislativo statale in materia di matrimonio sia stato il Codice Civile napoleonico.

In precedenza, gli enciclopedisti francesi avevano affermato un principio nuovo, secondo il quale nel matrimonio non sarebbe tanto importante il principio religioso intrinseco, quanto la funzione chiave all'interno dell'organizzazione sociale.[55] Anche in ambito italiano, si ritrova questo vivo interesse verso il matrimonio, soprattutto nelle opere dei moralisti. Durante tutto il secolo videro la luce opere che intendevano essere veri e propri *vademecum* per gli sposi[56] e le donne in particolare.[57] In realtà, si trattava perlopiù di manuali di educazione e comportamento ad uso delle giovani nobili. Una parte consistente di esse era spesso dedicata alla natura dei rapporti tra i coniugi.

Oltre a queste opere, testi di natura diversa, manuali per confessori, catechismi, scritti devoti si occupavano di spiegare la relazione matrimoniale alla luce delle sacre scritture. Richiamandosi in modo diverso ai luoghi paolini sul matrimonio[58] gli autori si dividevano fra chi auspicava unioni basate sul rispetto reciproco fra gli sposi e chi

---

[55] M. Pelaja, *La promessa*, in M. De Giorgio e C. Klapisch-Zuber (a cura di), *Storia del matrimonio*, cit., pp. 391-416.

[56] Tra i più famosi T. Campastri, *La felicità del matrimonio*, Re, Torino 1764 (I ed. Milano 1760); G.M. da Crescentino, *I coniugati ammaestrati nei loro scambievoli, e cristiani doveri*, Frigerio, Milano 1768.

[57] Per esempio di un autore anonimo la *Politica per le dame*, Colombani, Venezia 1764 o G. Trioli, *L'educazione delle fanciulle*, Palese, Venezia 1765, anch'esso uscito inizialmente anonimo.

[58] I passi contenuti in S. Paolo, *Efesini* 5, 22-33 e I *Pietro* 3, 1-7 dosati in modo diverso affermavano la supremazia del marito sulla moglie oppure l'obbligo reciproco di rispettarsi.

invece vedeva nell'obbedienza della moglie al marito il cardine del matrimonio. Il gesuita Antonfrancesco Bellati, famoso predicatore, paragonava il potere del marito a quello del principe e l'obbedienza dovutagli dalla moglie alla fedeltà di un ministro.[59] Giuseppe Domenico Moriglioni, nella *Dottrina Cristiana* del 1717,[60] introduce un tema nuovo nella tradizionale equiparazione fra potere del marito e potere assoluto del principe, cui viene sostituito come termine di paragone il magistrato:

> "L'impero che esso [il marito] ha sopra di lei [la moglie] non è dispotico e sovrano, ma politico, e simile a quello di un magistrato sopra il popolo."[61]

Non è certo un caso che il tema del rapporto fra marito e moglie venga trattato all'interno del capitolo sulle relazioni tra superiori ed inferiori: padri e figli, sovrani e sudditi, maestri ed allievi. La cellula matrimoniale rispecchia l'organizzazione dello Stato e riproduce lo squilibrio di potere tra principe e sudditi, governanti e governati, nel rapporto fra marito e moglie. Abbandonato progressivamente il paragone marito/Cristo, moglie/Chiesa, si affermerà quello marito/principe, moglie/sudditi. Solo spostando l'asse del discorso sul matrimonio dal terreno religioso a quello statale sarà possibile farlo rientrare nella sfera d'influenza dello Stato.[62] Piero Franceschi e

---

[59] A.F. Bellati, *Le obbligazioni di una moglie cristiana verso il marito,* Bologna 1758, pubblicato postumo. In un'altra opera, che ebbe un successo tale da tradotta in francese e in spagnolo, il gesuita auspicava l' uguaglianza fra i coniugi, fondata però sulla naturale inferiorità della donna, finendo però col parlare di naturale sottomissione della donna. Questo tema era stato probabilmente introdotto per attaccare nuovi fenomeni, come le conversazioni o il cicisbeismo, che sembravano minare la struttura della famiglia e dell'ordine sociale. A.F. Bellati, *Obbligazioni di un marito cristiano verso la moglie esposte in una lettera*, in *Opere,* Bettinelli, Venezia 1742, pp. 173-212.

[60] G.D. Moriglioni, *Dottrina Cristiana*, 2 tomi, Morano, Torino 1766 (I ed. 1717).

[61] Ivi, p. 340.

[62] Pelaja riporta diversi esempi di questo nuovo interesse da parte dei governi della penisola: per esempio, a Modena già nel 1814 era stato sancito l'obbligo di redigere un atto di promessa davanti ad un ufficiale di stato civile e nel Regno delle Due

Giovan Battista Millesimo, due consultori *in jure*[63] veneziani, stilarono un consulto, nel 1787, in cui chiarivano il punto del conflitto giurisdizionale in materia matrimoniale fra potere statale e potere ecclesiastico. Fra l'altro, nella relazione si legge:

> "Le società particolari delle famiglie, che si formano col vincolo del matrimonio, sono il fondamento della società generale della nazione, e in proporzione che quelle che mancano, si diminuisce in questa la forza, il buon ordine, e la sua sussistenza. L'elevazione di questo nodo alla dignità di sacramento nella Chiesa cristiana non ha punto derogato alle originarie facoltà dell'Imperio, appartenendo al Principe, come prima, lo statuire e giudicare del contratto, ed al ministro della religione cattolica il conoscere del Sacramento."[64]

Il solo matrimonio alla presenza di un sacerdote non era considerato privo di validità, il che avrebbe comportato una rottura definitiva rispetto alla tradizione, provocando disorientamento specie tra le fasce più umili della popolazione, ma illegittimo. Il matrimonio, solo se celebrato nel rispetto della convivenza fra potere ecclesiastico e potere statale, costituisce il fondamento della famiglia, poiché i suoi effetti ricadono sugli sposi e sui figli. Per questo motivo, esistono aree d'influenza diversificate e precise, una

---

Sicilie vigeva addirittura il divieto per il parroco di celebrare matrimoni, in mancanza dell'atto civile. Questo sistema "misto" implicava una forma di "legittimazione incrociata", per cui la Chiesa garantiva l'adempimento dei principi religiosi e lo Stato rendeva valida l'unione sul piano civile.

[63] I consultori *in jure* erano "consulenti" che intervenivano su specifici casi stilando, per conto delle diverse magistrature veneziane, una sorta di perizia giuridica. Molti furono i loro interventi, durante tutto il '600 ed il '700, in materia matrimoniale. Le loro voci sono interessanti soprattutto perché essi non si rifacevano tanto alla tradizione giurisprudenziale romanistica, quanto al principio di sovranità statuale che aveva ispirato tutte le leggi della Repubblica. Sull'argomento cfr. A. Barzazi, *I consultori "in iure"*, in *Storia della cultura veneta. Il Settecento*, 5/II, a cura di G. Arnaldi e M. Pastore Stocchi, Vicenza 1986, pp. 179-199.

[64] Brano citato in G. Cozzi, *Note e documenti sulla questione del "divorzio" a Venezia (1782-1788)*, in "Annali dell'Istituto italo-germanico in Trento", VII, pp. 275-360.

di competenza civile, l'altra religiosa. Ognuna delle due è però completamente autonoma dall'altra. Il consulto lo chiarisce molto bene:

> "[...]Nelle questioni matrimoniali è stato preservato al giudizio dei magistrati civili tutto ciò che riguarda il contratto e l'inspezione civile, il delitto, le doti, gli alimenti, la custodia e la legittimità della prole, e la pace delle famiglie, e che all'autorità della chiesa fu lasciata libera la cognizione delle cause di scioglimento o di semplice separazione per tutto ciò che può riferirsi al sacramento, alla coscienza e allo stato spirituale di questo nodo. Per tal guisa le due giurisdizioni secolare ed ecclesiastica anche in questo Dominio si trovano distinte secondo li diversi loro fini ed oggetti , e ciascuna ha la libertà di procedere separatamente secondo quelli con vicendevole aiuto bensì, ma non con vicendevole dipendenza [...]."[65]

Questa indipendenza affermata con forza, anche se propria di una "polemica" secolare sull'indipendenza giurisdizionale veneziana, che trova proprio nel Settecento la sua formulazione più ampia,[66] non appartiene unicamente alla Repubblica veneta, ma a molti stati europei. Il matrimonio è il momento in cui si ridefiniscono lo *status* di un individuo e gli equilibri comunitari, in quanto costituisce punto d'unione e scambio fra vita privata, definizione di un gruppo e vita sociale. Controllarlo assicura al potere statale la capacità di delineare i confini della famiglia.

La definizione di un ambito riproduttivo legittimo condannerà sempre di più i comportamenti devianti rispetto alla legge del matrimonio. La fascia di marginalità in cui maturano relazioni

---

[65] Ivi.

[66] Durante la prima metà del Settecento, rifiorì a Venezia una ricca pubblicistica, tendente ad affermare la forte coscienza autonomista, sia sul piano politico che giuridico, della Repubblica. Oltre alla ripubblicazione di classici del giurisdizionalismo, Sarpi e Giannone su tutti, videro la stampa moltissime opere ed opuscoli della più recente attività editoriale e giornalistica, da Voltaire a Rousseau, dal "Caffè" al "Corrier letterario". Per una panoramica completa si veda F. Venturi, *L'Italia* anticuriale: Venezia, in Idem, *Settecento riformatore. La chiesa e la repubblica dentro i loro limiti (1758-74),* II, Einaudi, Torino 1976, pp. 101-62.

sessuali illecite che non rientrano nel nuovo modello matrimoniale e familiare diventa più grande e più pericolosa.

Conclusioni

Siamo partiti dalla constatazione che il Concilio di Trento costituisce, all'interno della lunga durata della storia del matrimonio, un momento decisivo nella definizione di nuove pratiche nuziali e nell'appropriazione ecclesiastica della materia matrimoniale. Abbiamo cercato di leggere le difficoltà di applicazione dei decreti conciliari in materia di matrimonio alla luce di un gruppo particolare di reati, legati alla sessualità al di fuori del matrimonio.

Si è visto che al controllo allargato della comunità di natura informale e ricompositiva, si sostituisce, durante il Settecento, un accentramento del potere di controllo nelle mani della Chiesa e in secondo luogo di alcuni stati, fra cui quello veneziano. Tanto la Chiesa come il Consiglio dei Dieci sono sempre più contrari a qualsiasi forma di sessualità vissuta al di fuori del matrimonio. Allo stesso tempo sembra che i giudici siano più disponibili a comprendere la disperazione e la solitudine delle imputate. La sensibilità del giudice per le condizioni terribili della donna si concretizza in un'assoluzione, dettata anche dalla difficoltà di provare l'omicidio, ma soprattutto dalla consapevolezza della fragilità sociale dell'imputata, costretta a difendere da sola il proprio onore. Questo atteggiamento nuovo, allo stesso tempo clemente e paternalistico, è provato dalle condanne più leggere con cui si concludono i processi per seduzione. L'indulgenza verso la madre assassina si accompagna alla scomparsa della figura del seduttore dalla scena della seduzione. Al padre di un figlio illegittimo non viene addossata più alcuna responsabilità e la maternità al di fuori del matrimonio si avvia a diventare una questione solo femminile. La progressiva deresponsabilizzazione del seduttore, evidenziata da sentenze più lievi o da assoluzioni complete a partire dalla fine degli anni settanta del ’700, dimostra che il potere veneziano rispecchia una società sempre meno attenta all’andamento delle relazioni sessuali e disposta a farsi carico delle conseguenze di queste relazioni.

Sia da parte ecclesiastica che da parte repubblicana c’è una grande valorizzazione della verginità fino al matrimonio a scapito della fertilità.

In sostanza, possiamo affermare che l’infanticidio è un crimine di “situazione” che esprime la difficoltà di affermazione della famiglia *legittima* e la pesante repressione della sessualità femminile, rinchiusa all’interno del matrimonio. L’infanticidio rappresenta il tragico prezzo pagato dalle donne e dai loro figli alla nuova “razionalità” sociale.

Indice dei nomi

www.ingramcontent.com/pod-product-compliance
Ingram Content Group UK Ltd.
Pitfield, Milton Keynes, MK11 3LW, UK
UKHW022003190726
13853UKWH00004B/1694

9 788883 980190